Erich Grunow / Einmal Dritter nach Berlin

Erich Grunow

„Einmal Dritter nach Berlin..."

trans
press

Einbandgestaltung: Andreas Pflaum

Titelbild: Burkhard Wollny

Alle Abbildungen in diesem Buch: Verlagsarchiv transpress

ISBN: 3-613-71099-4

© 1999 by transpress Verlag, Postfach 10 37 43, 70032 Stuttgart
Ein Unternehmen der Paul Pietsch Verlage GmbH + Co.

1. Auflage 1999

Lektorat: Claus-Jürgen Jacobson
Herstellung: Bernd Peter
Gesamtherstellung: Fotolito LONGO, Bozen
Printed in Italy

Inhalt

Prolog

Böse Zungen behaupten gerne, daß bei Eisenbahn-freunden an Stelle des Herzens eine Dampflokpumpe schlage. Eine gewisse Boshaftigkeit ist derartigen Äußerungen nicht abzusprechen, aber wie immer entbehrt auch diese Stichelei nicht eines wahren Kerns. Die Liebe zur Eisenbahn ist ganz offensichtlich vielen in die Wiege gelegt und auch ich machte davon keine Ausnahme.

Schon als Kind war ich dem Einfluß der Eisenbahn erlegen und so richtete ich folgerichtig meinen Tageslauf entsprechend ein. Meine ausgeprägte Phantasie half mir dabei, in den zahlreichen eher prosaischen Alltäglichkeiten das Hohe Lied der Eisenbahn zu erkennen: Spannte beispielsweise meine Mutter die Wäscheleine auf dem Hof, so waren das nicht etwa schnöde Schnüre, sondern vielmehr das verwirrende Geflecht der Oberleitungen der Berliner Straßenbahn. Lag ich auf der Couch, dann ahmte ich mit Geräuschen die Zugfahrt von Wittenberge nach Berlin nach. Insbesondere widmete ich mich dabei der vorbildgetreuen Imitation der über die Schienenstöße rumpelnden Radsätze der Wagen, wobei ich selbstverständlich streng unterschied zwischen zwei-, drei- oder vierachsigen Wagen. Eine Herausforderung an das Können des Imitators war das Fauchen der Lokomotiven. Und ganz besonders schwierig war das Nachahmen der Zug-

geräusche, die ich vorbildgetreu variierte, wenn der imaginäre Zug beispielsweise einen der Berliner Vorortbahhöfe ohne Halt durchfuhr. Ich nehme an, daß das »Dw-dw-dw...« meinen Eltern ganz schön auf die Nerven gegangen sein muß, aber großzügig, wie Eltern nun einmal meistens sind, ließen sie den Filius gewähren, vielleicht insgeheim hoffend, daß das irgendwann von allein verflöge. Vielleicht hatten sie sich auch ganz einfach allmählich daran gewöhnt, und es hätte ihnen etwas gefehlt, wenn der Klangteppich plötzlich gefehlt hätte.

Nun, mir kam dieses elterliche Wohlwollen durchaus entgegen, und nicht selten bezog ich meinen Vater in meine Eisenbahnwelt mit ein. Legte mein Vater beispielsweise die Stirn in Falten, so erinnerten mich diese Furchen in seinem Antlitz an Eisenbahngleise und so kam es nicht selten vor, daß ich diesen optischen Genuß bewußt hervorrief. Glücklicherweise mußte ich ihn dazu nicht etwa ärgern, nein, es genügte, wenn ich ihn unmißverständlich aufforderte: »Vater mach mal Schienen!«

Auch der von vielen Heranwachsenden so geschmähte gemeinsame Spaziergang mit den Eltern hatte für mich nichts Erschreckendes. Gingen wir spazieren, schurrte ich auf staubigen Wegen mit meinen Schuhen. Damit imitierte ich dann eine abfahrende Dampflok mit geöffneten Zylinderhähnen.

Daß sich eine derartige frühkindliche Prägung auf mein Weltbild durchschlug, liegt auf der Hand. Und so hatte ich es als Schüler nicht immer leicht, meine Sicht der Dinge als die richtige durchzusetzen.

Eines Tages erzählte uns unser Lehrer Herr Backstein von der Stein-, der Bronze- und der Eisenzeit.

Dann fragte er uns Schüler, was man denn zuerst aus dem Eisen hergestellt habe.

Fast jeder wußte etwas zu sagen: »Pflüge, Eggen, Harken, Schilde, Schwerter, Messer«, und noch anderes mehr. Und ich meldete mich wie toll, weil das noch keiner gesagt hatte.

»Na Erich?«

»Eisenbahnen gebaut!«

»Nein Erich, die haben wir noch keine hundert Jahre. Mein Großvater hat noch an der Berlin – Hamburger-Bahn mitgebaut.«

Das war im Jahr 1925, und es dauerte lange, ehe ich mich von der Enttäuschung über diese Erkenntnis erholt hatte. Bis dahin war ich mir sicher, daß es nur deswegen nicht von Anbeginn der Zeiten Eisenbahnen gegeben hatte, weil zunächst das Eisen erfunden werden mußte.

Dennoch ließ ich mich von derartigen Rückschlägen nicht erschüttern und natürlich wollte ich als Junge immer Lokomotivführer werden, allerdings keiner von denen, die auch in den Krieg mußten. Als Kind hatte ich eine ganze Menge vom Krieg mitbekommen, allerdings nichts gutes. So fragte ich meinen Vater:

»Müssen Lokführer auch in den Krieg?«

»Auch die.«

»Auch die von der Personenzuglokomotive?«

»Die auch.«

»Auch die von der Güterzuglokomotive?«

»Die ebenfalls!«

»Auch die von der Perleberger Käseglocke?«

»Nein, die nicht!«

»Dann werde ich Lokführer bei der Perleberger Käseglocke!«

Die Perleberger Käseglocke war die damalige Privatbahn Wittenberge – Perleberg, und offenbar war deren Personal seinerzeit unabkömmlich. So war mein Entschluß schnell gefaßt, schien es doch, als könnte man hier den Traumberuf mit der Abneigung gegen den Krieg aufs Trefflichste in Übereinstimmung bringen.

1938 begann ich meine Ausbildung im nichttechnischen Dienst bei der Deutschen Reichsbahn. Über vierzig Dienstjahre verbrachte ich bei der Eisenbahn. Ich habe den Entschluß, Eisenbahner zu werden, nie bereut und wüßte auch heute noch keinen anderen Beruf, in dem ich mich wohl fühlen würde. Es waren nicht immer nur schöne, aber stets erlebnis- und abwechslungsreiche Jahre. Auf den folgenden Seiten möchte ich Sie, liebe Leser, teilhaben lassen an den vielen Geschichten und Episoden, die mir den Alltag als Eisenbahner über all die Jahre hinweg versüßt oder auch getrübt haben.

Torgelow, im Januar 1999

Erich Grunow

Der Übermut der jungen Jahre

Das unschuldige Fräulein

Junge Menschen genießen mancherlei Privilegien. Das ist heute so, und das war, Gott sei Dank, in früheren Zeiten nicht anders. Und so nutzte auch ich meine ersten Jahre bei der Eisenbahn, um mir sozusagen »die Hörner abzustoßen«. Was meiner Persönlichkeitsentwicklung zweifellos gut tat, war für meine Mitmenschen allerdings nicht immer nur Freud und Wonne. Heute mag so manches Erlebnis dem geneigten Leser ein Schmunzeln zu entlocken, seinerzeit jedoch tat sich unsere Umwelt mit unseren »Eskapaden« nicht immer leicht.

Da war zum Beispiel Fräulein Mucke. Fräulein Mucke war eine Kollegin, deren Bekanntschaft ich im Rahmen meiner Ausbildung in Wittenberge machte. Fräulein Mucke stand in dem Ruf, dem männlichen Geschlecht in besonderem Maße zugetan zu sein. In unserer jugendlichen Sprachfärbung klang das natürlich etwas deftiger: wir bezeichneten sie respektlos als »mannstoll«.

Im Februar 1939 war ich in der Versandabteilung der Güterabfertigung tätig. Zu den obligatorischen Tätigkeiten der Abteilung gehörte es, jeweils am Morgen den Versandabschluß des vorangegangenen Tages zusammenzustellen. Eine korrekte Buchführung war und ist das Aushängeschild einer jeden deutschen Verwaltung, und die Eisenbahn machte davon natürlich keine Ausnahme. Doch Anspruch und Wirklichkeit stimmen bekanntlich längst nicht immer überein, und so klaffte zwischen den Versandabschlüssen der Güterabfertigung Wittenberge und den tatsächlich getätigten Vorgängen häufig bis regelmäßig eine Lücke.

Mit anderen Worten: Es kam selten vor, daß alles gleich auf Anhieb stimmte, ein Fehler war fast immer drin.

So war es auch an jenem Morgen. Wieder einmal stimmte der Abschluß nicht, und nun hieß es, den Verantwortlichen dafür zu finden. Zunächst hieß es, Kollege Wendt sei der Übeltäter. Der aber wehrte sich mit Vehemenz, nicht ohne den »Schwarzen Peter« weiterzugeben:

»Das war nicht ich, das war Fräulein Mucke!«

Doch so einfach ging das nicht, das Veto erfolgte prompt und mit gehöriger Lautstärke:

»Nein, das war ich nicht!« schrie die Kollegin. »Ich bin unschuldig!«

Diesen letzten Satz allerdings wollte ich denn doch nicht stehen lassen und so bemerkte ich trocken aber für alle hörbar:

»Habt Ihr das gehört? Fräulein Mucke ist noch unschuldig!«

Brüllendes Gelächter der versammelten Kollegen quittierte meine Anzüglichkeit. Nur die solcherart Bloßgestellte konnte daran nichts Komisches entdecken. Vermutlich hätte sie mir am liebsten die Augen ausgekratzt. Wie konnte ich sie auch so beleidigen? Aber: Ist der Ruf erst ruiniert...

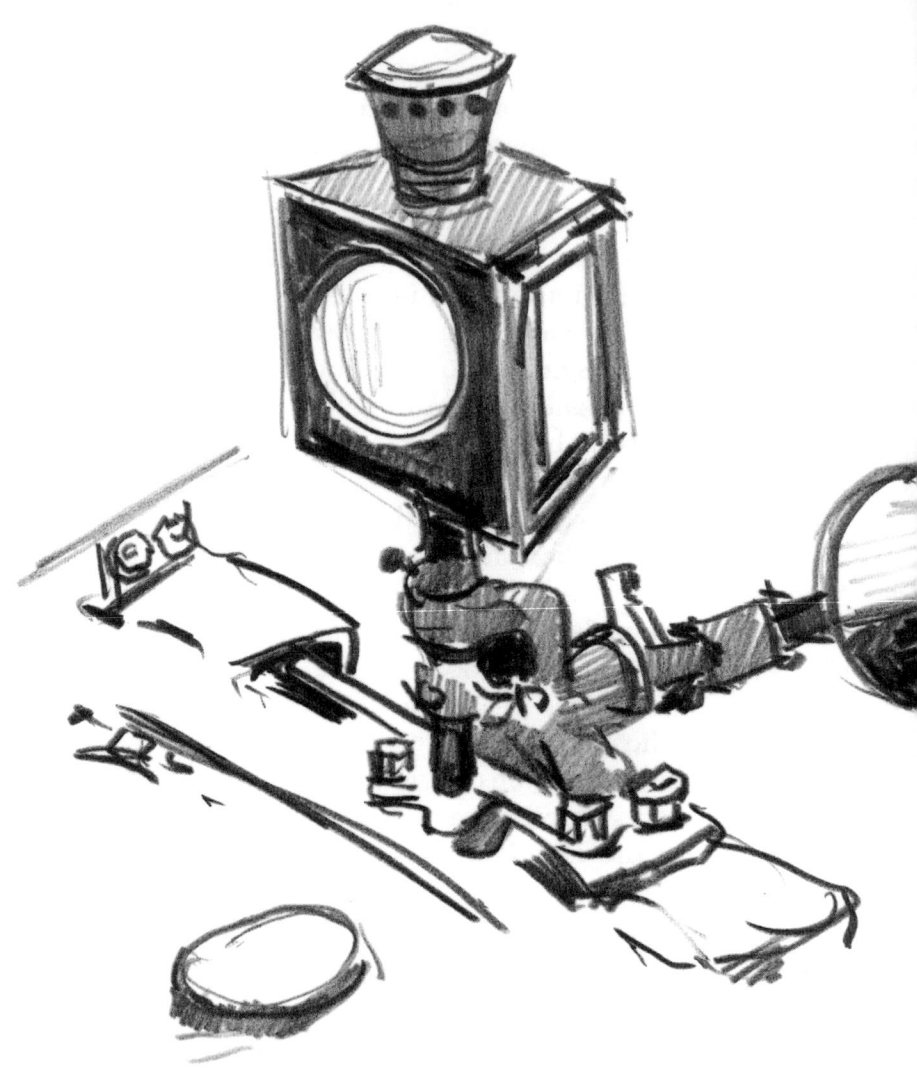

Der WP-Stempel

Wie eingangs schon erwähnt, handelte es sich bei der
»Wittenberger Käseglocke« damals um eine Privatbahn, was für den Betrieb natürlich mancherlei Besonderheiten zur Folge hatte. Auch in unserer Abteilung

hatten wir auf manches zu achten. So wurde zum Beispiel für den Transport von Frachten auf der Privatbahn ein Frachtzuschlag erhoben. Bei der Vorprüfung der zugehörigen Frachtbriefe drückten wir auf jeden Brief oben links einen etwa 4 x 8 Zentimeter großen Stempel, der unmißverständlich auf diesen Zuschlag hinwies. Das dazu erforderliche Arbeitsgerät war ein stabiler Linol-Stempel, der freilich noch zu ganz anderen Dingen zu gebrauchen war.

In unserer Abteilung war üblicherweise nachmittags gegen 17.30 Uhr Feierabend. Verständlicherweise waren wir stets bemüht, diesen Termin nicht zu überschreiten. Unser BuV-Lehrling, dessen Berufsbezeichnung damals zeittypisch »Junghelfer« lautete, hatte es allerdings immer ganz besonders eilig, was bei uns, nämlich meinem Kollegen Peter Schuster und mir, durchaus Mißfallen erregte. Dieser Lehrling namens Hans-Joachim Schwarz, von uns jedoch stets Micky genannt, hatte sich meist schon um 17.15 Uhr die Hände gewaschen, um nach Hause eilen zu können.

Peter und ich sahen uns dies einige Zeit an, doch eines Tages erachteten wir das Maß für voll. Wir hielten die Zeit für gekommen, unseren Junghelfer mit allem »buchstäblichen« Nachdruck auf seine Pflichten aufmerksam zu machen.

So nahm mich Peter Schuster zur Seite und raunte mir verschwörerisch zu: »Wir werden Micky heute den WP-Stempel auf die Stirne drücken.«

Es bedurfte keiner großen Überzeugungsarbeit, im Gegenteil. Ich war gleich dabei und so schritten wir unverzüglich zur Tat. Wie weiland Cowboys im Wilden

Westen näherten wir uns zu zweit unserem »Opfer«. Meine Aufgabe war es, den Widerstrebenden festzuhalten. Peter nahm den Stempel, färbte ihn gründlich ein und drückte ihn dann sorgfältig mitten auf des Junghelfers Stirn. Während dieser mit aller gebotenen Sorgfalt vollzogenen Prozedur erklärte er dem Armen fürsorglich: »Jetzt wirst Du gebrandmarkt, Micky!«

Ganz so schlimm war es dann doch nicht, aber immerhin: das sorgfältige Arbeiten meines Freundes sorgte dafür, daß unser eiliger Lehrling zumindest an diesem Tag ordnungsgemäß Feierabend machen mußte. Nur mit gehörigem Schrubben gelang es ihm, die kräftige und hartnäckige Stempelfarbe wieder zu entfernen. Wir hingegen, hochzufrieden mit unserer »sadistischen«, gleichwohl aus erzieherischen Gründen notwendigen Tat, verließen pünktlich um 17.30 Uhr mit mit gewaschenen Händen die Güterabfertigung.

Einmal Dritter nach Berlin

Im Laufe meiner Ausbildung verbrachte ich natürlich auch einige Zeit hinter dem Fahrkartenschalter. Daß es bei dieser Beschäftigung immer wieder zu lustigen Begegnungen kam, liegt nahe, schließlich kamen alle möglichen Menschen an den Schalter, um ihren Reiseobulus zu entrichten.

Nicht selten kam es vor, daß zerstreute Zeitgenossen eine Fahrkarte nach Wittenberge verlangten, obwohl sie doch am Schalter just dieses gewünschten Zielbahnhofes standen! In solchen Fällen fragten wir dann üblicherweise: »In welche Straße oder auf welchen Bahnsteig möchten Sie denn gerne?«

Mitunter packten wir auch kommentarlos eine Bahnsteigkarte auf den Schaltertisch und weideten uns am Erstaunen der Kundschaft.

Eines abends hatte ich wieder einmal Schalterdienst, als ein junges hübsches Mädchen an das Schalterfenster trat. Sie war etwa 19 Jahre alt.

»Ich möchte nach Pritzwalk?« sagte sie.

Nun war ich als junger Mann natürlich durchaus dem weiblichen Geschlecht nicht abhold und eigentlich wußte ich auch, daß man sich jungen Damen gegenüber manierlich zu benehmen hatte. Aber an jenem Abend hatte ich wohl den Schalk im Nacken und so erwiderte ich auf ihren Wunsch zunächst einmal ganz generös:

»Zweiter oder Dritter?«

Ihre Entgegnung verriet eine gewisse Unsicherheit:

»Ja, ich weiß nicht. Na, geben Sie mir mal Zweiter.«

Ich tat, wie mir geheißen, druckte die verlangte Karte und legte sie auf das Schalterbrett. Sie kramte darauf hin in ihrem Miniportemonnaie, doch offenbar bot dieses nicht genug Platz für genügend Geld, denn nach einer Weile sagte sie ganz verlegen:

»Ich habe nicht genug Geld, geben Sie mir bitte Dritter.«

Als Kavalier tat ich ihr selbstredend auch diesen Gefallen. Ich nahm die Karte zurück und druckte ihr eine neue, dieses Mal Dritter Klasse. Dann sagte ich in väterlichem Tone zu ihr:

»Na, nächstes Mal lassen Sie sich von Mutti mehr Geld geben, dann können Sie auch Zweiter fahren.«

Zugegeben, das war nun alles andere als ritterlich – doch wie gesagt, an diesem Abend saß mir offenbar der Schalk im Nacken. Hätte ich je »Absichten« gehabt, so wäre mit diesem Satz alle Hoffnung zerstoben gewesen, denn aufs peinlichste berührt würdigte mich die junge Frau keines weiteren Blickes und zog mit hochrotem Kopf zur Bahnsteigsperre. Doch auch bei mir zeitigte dieses Erlebnis Folgen, denn fürderhin war ich immer dann besonders nett, wenn ein junges Mädchen an den Schalter kam.

Sehr viel forscher ging eines Tages ein Herr an die Sache heran.

»Einmal Dritter nach Berlin!« verlangte er unmißverständlich und ließ mir damit keine Möglichkeit, wieder einmal eine entsprechende Bemerkung zu machen. Er bekam das Verlangte. Der Nächste wollte dem Schaltergespräch eine humoreske Note verleihen und verlangte:

»Dasselbe in Grün!«

Der Wunsch sei mir Befehl, dachte ich und gab ihm eine Fahrkarte für die Zweite Wagenklasse.

»Moment, Zweiter wollte ich eigentlich nicht!« ließ er verlauten.

Nun hatte ich Gelegenheit, das eben Versäumte nachzuholen.

»Ja, mein Herr, Sie sagten doch »Dasselbe in Grün!«. Diese Karte ist dasselbe in Grün, denn die Karten für die zweite Klasse sind nun mal grün.«

Gegen soviel Sachverstand und Überzeugungskraft konnte er offenbar nichts mehr einwenden.

»Na, dann geben Sie schon her«, meinte er, nahm die Karte, bezahlte und ging von dannen. Vermutlich hat er danach immer genau gesagt, in welcher Wagenklasse er reisen wollte.

Man muß die Feste feiern...

Herr Wiechmann hat Jubiläum

Fünfundzwanzig Jahre sind eine lange Zeit, und wenn einer ein Vierteljahrhundert bei ein und demselben »Laden« beschäftigt ist, dann ist das natürlich ein Grund zum Feiern. Lademeister Wiechmann hatte es geschafft. 25 Jahre war er nun bei der Eisenbahn und er gedachte dieses Dienstjubiläum würdig zu begehen. Dem entsprechend hatte er alles, »was Rang und Namen« bei der Güterabfertigung hatte, zu seiner Jubiläumsfeier eingeladen.

Wir »jungen Hüpfer« gehörten allerdings nicht dazu, vielmehr hatten wir das große Los gezogen, die Festgäste während ihrer Abwesenheit vertreten zu dürfen. Lademeister Wiechmann war im Wagendienst verantwortlich für die Ladestraße und die zahlreichen Anschlußgleise. Er war eine »olle«, ehrliche Haut, gleichzeitig aber erfüllt von großem Geltungsbedürfnis. Den Titel »König der Ladestraße«, den wir ihm verliehen hatten, fasste er als Schmeichelei auf, wir hingegen verbargen dahinter eher Spott.

An Wiechmanns großem Tag nun fiel meinem Freund Peter die große Aufgabe zu, den gesamten Wagendienst übernehmen zu müssen. Ich hatte an diesem Nachmittag das Telefon beim zweiten Chef der Güterabfertigung zu bedienen, und mein Freund Herbert

Herper (noch ein BuV-Lehrling) schließlich hütete das Telefon beim Chef selbst.

Das Verulken eines Anderen per Telefon ist ja besonders komisch, zumal der Verulkte sich nicht dagegen wehren kann. An jenem Nachmittag waren die Telefonleitungen außergewöhnlich still – kein Wunder, alle, die sonst wichtige Dinge per Telefon zu erledigen hatten, waren ja beim Jubelfest. So hatten wir also alle Zeit der Welt, unserem Drang nach Schabernack am Telefon zu willfahren.

Peter machte den Anfang. Urplötzlich klingelte mein Apparat und eine Stimme am anderen Ende wollte irgend etwas offenkundig Blödsinniges von mir wissen. Sehr zu des Anrufers Leidwesen blieb mir jedoch der Urheber nicht verborgen: »Mensch Peter, Deine Stimme kann ich doch unter Hunderten heraushören!«

Dieser Punkt ging also an mich.

Eine Stunde später war ich an der Reihe. Ganz so leicht wie er mir wollte ich es ihm natürlich nicht machen, also mußte eine glaubhafte »Rahmenhandlung« zu Grunde gelegt werden. Nun, der rote Faden war schnell gefunden: Jeweils am Nachmittag bekamen die Bahnhöfe rund um Wittenberge von uns ihre Wagenverfügungen. Diese Wagenverfügungen wiesen die Bahnhöfe an, die leeren Wagen an diesen oder jenen Bahnhof abzufertigen. Auch wurde den Bahnhöfen damit bekanntgegeben, ob sie mit dem nächsten Nahgüterzug diese oder jene Wagen zur Beladung erhielten oder bestellte Wagen nicht gestellt werden konnten und dergleichen mehr.

Einer dieser Bahnhöfe war der Bahnhof Lanz an der 1947 abgebauten Strecke Wittenberge – Dömitz. Der dortige Vorsteher war ein Herr Lochmann. Herr Lochmann hatte eine sprachliche Eigenheit, die ihn allseits bekannt machte: Er betonte den Buchstaben »L« in einem solchen Maße, daß es wie aus der tiefsten Kehle geholt klang.

Ich rief also jetzt Peter an:

»Herr Nachbar, hier ist Lllanz, Lllockmann, wir haben unsere Wagenmellldung noch nicht.«

Peter am anderen Ende der Leitung schluckte den Braten. Nach kurzem Zögern erwiderte er:

»Moment, Herr Nachbar, Lanz hat heute nichts!«

Artig bedankte ich mich:

»Danke Peter!«

Nun erst ging ihm ein Licht auf:

»Du verfluchter Hund!«

Immerhin, zufälligerweise hatte der Bahnhof Lanz an diesem Tage tatsächlich nichts. Also ging auch dieser Punkt an mich.

Nun herrschte wieder eine Weile Ruhe und wir widmeten uns unserer (spärlichen) Arbeit. Ich studierte die Vorschriften und Herbert bewachte sein Telefon. Wieder verging etwa eine Stunde, dann rasselte erneut der Apparat. Die Stimme im Hörer klang ganz weit weg, offenbar rief uns jemand aus »Hinterindien«, wie wir uns auszudrücken pflegten, an:

»Hier ist Wankelmut, geben Sie mir bitte mal die Eingänge der Zellwolle.«

Herr Wankelmut war der Inhaber eines Anschlußgleises mit sehr großem Wageneingang, also ein wichtiger und bedeutender Kunde. Allerdings war normalerweise der Chef selbst, also Herr Wiechmann, für ihn zuständig. Da ich dies wußte, kam mir die Sache komisch vor. Andererseits riet mir eine innere Stimme, auf der Hut zu sein, denn vielleicht war es ja doch der »echte« Herr Wankelmut. So wich ich aus und antwortete:

»Da muß ich erst einmal Herrn Wiechmann fragen.«

Doch der Fremde aus Hinterindien konterte umgehend:

»Herr Wiechmann hat doch heute Jubiläum.«

Jetzt hatte ich ihn doch gepackt:

»Ach nee Peter. Seit wann weiß denn Herr Wankelmut in Hamburg, dass Herr Wiechmann heute Jubiläum hat? – Wie hast Du denn das angestellt, dass Du so weit weg bist?«

»Ich habe von Wittenberge erst Hamburg gewählt und dann wieder Wittenberge.«

Und wieder ging ein Punkt an mich.

Schließlich gelang es Peter aber doch noch noch, ein Opfer zu finden. Herbert Herper war der bedauernswerte Genasführte. Herbert war auf einen Anruf des Chefs vorbereitet. Als nun bei ihm das Telefon klingelte, nahm er an, daß dies der erwartete Kontrollanruf sei, zumal die Stimme am anderen Ende verdächtig echt klang. Pflichtgemäß betete er nun alles herunter, was er zu bestellen hatte. Offenbar war der vermeintliche Chef zufrieden und legte auf. Während Herbert wieder seiner Arbeit nachging, klingelte nun bei mir das Telefon. Peter war »am Rohr« und hieß mich, den Kollegen Herbert an den Apparat zu rufen. Ich ahnte nun die Zusammenhänge. Herbert kam an den Hörer und mußte sich von Peter fragen lassen:

»Nun Herbert, habe ich Kronsbergs Sohn nicht prima gemacht?«

Nach den vorangegangenen »Reinfällen« zeigten wir uns großzügig und gönnten Peter den Triumph.

Mein einjähriges Eisenbahnerjubiläum

Am 1. November 1939 war ich ein Jahr bei der Eisenbahn. Das mußte gefeiert werden. Ich lud meinen Freund Peter Schuster, der dieselbe Ausbildung wie ich machte, und den BuV-Lehrling Hans-Joachim Schwarz ein. Wir beschlossen, zu »Anni Timm« zu gehen. »Anni Timm« war eine gute Adresse, denn dort gab es noch bayrisches Bier, das stilecht in Halbliterkrügen serviert wurde. Nach dem ersten Bier wurde ein steifer Grog bestellt. Die edlen Getränke wirkten sich wohltuend auf unsere Sprechwerkzeuge aus und wir unterhielten uns bestens. Bald war wieder ein Bier fällig, es folgte erneut ein Grog und schließlich dasselbe noch einmal. Dann meldete sich meine Blase. Während ich zum »Stillen Örtchen« marschierte, sagte Hans-Joachim zu Peter: »Du, auf Erich müssen wir ein bißchen aufpassen, der erzählt schon so viel«

In der Tat, wir waren sehr redselig geworden und hatten genug. Also machten wir uns auf den Heimweg durch die wegen des Krieges verdunkelten Straßen. Vorbei ging es am Hotel Germania, das seinerzeit noch eine Freitreppe mit einer breiten Mauer davor hatte. Auf die stellte ich mich, während Peter und Hans-Joachim einen Vorbeimarsch bei mir machen mußten. Peter, der schon Soldat gewesen war, legte trotz des alkoholisierten Zustandes einen zackigen Parademarsch hin. Hans-Joachim bemühte sich, seine ungedienten Beine trotz der drei Biere und der drei Grogs hochzureißen. Und ich krähte wie ein alter trotteliger General mit lauter, meckernder Stimme, während ich die Hand an den unbedeckten Kopf hielt, durch die mitternächtliche Stille:

»Ausgezeichnet die Haltung der Truppe, vier Wochen Sonderurlaub!«

Nach diesem Intermezzo zog die Karawane weiter. Wir beschlossen, noch einen abschließenden Besuch in der »Trabrennbahn Ruhleben« zu machen. Hinter diesem malerischen Namen verbarg sich Pferdeschlächterei Raabe, die sich dadurch auszeichnete, daß ihr eine Speisewirtschaft angeschlossen war. Dort war noch reges Leben.

Wir stürzten uns mitten hinein, allerdings war unseres Bleibens nicht lange: Hans-Joachim begann nämlich, mit Billardkugeln zu werfen. Verständlicherweise fand er damit kein Wohlgefallen vor den Augen des Kellners, vielmehr wurde dieser ernstlich böse wurde.

Ich drückte ihm eine Mark in die Hand und wir verzogen uns.

Vor der Tür brach Hans-Joachim zusammen, offenbar war ihm die frische Luft zuviel geworden. Also schleppten wir ihn nun, je einen Arm um unsere Schultern nehmend, in Richtung seiner Wohnung. Unglücklicherweise wohnte er genau an der Stadtgrenze, wo sein Vater, ein Lokführer ein Zweifamilienhaus besaß. Bis dahin waren es noch ungefähr drei Kilometer, was uns in der beschriebenen Konstellation und angesichts unseres Zustands beängstigend weit vorkam. Mit Mühe schleppten wir uns bis in die Nähe von Peters Wohnung, dann schickte ich diesen nach Hause, um sein Fahrrad zu holen. Hans-Joachim setzten wir einstweilen mit dem Rücken an den Fuß einer Straßenlaterne.

Heimwärtsgehende Passanten fragten, was los sei. Mit etwas schwerer Stimme entgegnete ich: »Nur eine Bierleiche!«

Endlich waren wir an seiner Wohnung angelangt. Doch schon nahte das nächste Problem: Welches war der richtige Eingang? Es gab an jeder Stirnwand des Hauses je eine Tür. Wir rüttelten Hans und fragten:

»Micky, wo wohnst Du?«

Doch Micky hüllte sich in Schweigen.

Wir zogen sehr energisch an seinen Haaren.

Aber unser Micky stöhnte nur.

So holten wir schließlich seinen Schlüsselbund aus der Hosentasche und versuchten, die vordere Haustür zu öffnen. Aber es gelang uns nicht, so oft wir die Schlüssel des Bundes durchprobierten. Schließlich kamen wir auf den »genialen« Einfall, es doch einmal an der hinteren Tür zu versuchen. Und siehe da: Gleich der erste Schlüssel paßte. Wir schoben Hans-Joachim in den Flur.

Natürlich waren unsere Bemühungen nicht geräuschlos vonstatten gegangen. Auch Mickys Vater hatte uns gehört und kam nun die Treppe herunter. Seine Hose hatte er in aller Eile mit dem Hosenboden nach vorne angezogen und bot damit ein Bild zum Lachen. Dazu trat nun noch die Mutter oben aus dem ehelichen Schlafzimmer mit einem Nachtmützchen auf dem Kopf. Sie schrie fast mit kreischender Stimme:

»Was habt Ihr denn mit dem Jungen gemacht? Der muß doch morgen in den Beruf?!!!«

Für einen Moment hatten Peter und ich tatsächlich ein schlechtes Gewissen...

Wir entfernten uns, doch leider zeitigte nun der Bier- und Grogkonsum seine unausweichlichen Folgen. Unsere Blasen drückten mehr, als es unsere Selbstbeherrschung zuließ, und so erledigten wir eben dort, wo wir die Schlüssel durchprobiert hatten, unsere Notdurft. Nebenher amüsierten wir uns laut und ungeniert über das Konterfei der Eheleute Schwarz, bis ein Fenster geöffnet wurde und Leute lautstark nach der Polizei riefen (in der Nacht zuvor waren Einbrecher in der Gegend gewesen).

Mit meiner noch immer etwas schweren Stimme blökte ich zurück: »Man wird hier doch wohl noch 'ne Stange Wasser herstellen dürfen?!« Bums war das Fenster irgendwo wieder zu.

Zum Dienstantritt waren wir pünktlich da, wenn auch noch nicht ganz wohlauf. Hans-Joachim war käsegrün im Gesicht. Er teilte uns mit:

»Meine Eltern haben mir den Umgang mit Euch verboten!«

Nach diesem »eindrucksvollen« Jubiläumsfest wollten wir eineinhalb Monate später nun auch Peters Einjähriges feiern. Wir hatten einen neuen Kollegen in unserem Alter, der ebenfalls die gleiche Ausbildung angefangen hatte. Friedrich-Wilhelm Lampe hatte eine sehr hohe Stimme und machte damit den Eindruck eines »noch Ungeküßten«. Dabei hatte er seinen aktiven Wehrdienst (zwei Jahre) mit dem Feldwebel der Reserve abgeschlossen. Doch gab er zu, daß wir mit unserer Vermutung richtig lägen. So beschlossen Peter und ich, nebst Friedrich-Wilhelm auch Brunhilde Mucke einzuladen, die ihn zum ersten Kuß verführen sollte.

Beim Wollen ist es dann leider auch geblieben. Am 11. November wurde ich einberufen, obwohl ich ja Eisenbahner war. Hans-Joachim Schwarz und Herbert Herper fielen in der Sowjetunion. Peter suchte ich 1974 in der Bundesbahndirektion Hamburg auf. Er war inzwischen Chef der Oberzugleitung in Hamburg und blieb es bis zu seinem Rentenalter.

Durch die Wüste

Auf der Wüstenbahn
zwischen Marsa Matruk und Tobruk

Der Krieg hatte nun auch mich. Ich teilte dieses Los mit zahllosen Gleichaltrigen. Viele von ihnen kamen nicht zurück. Für mich stellte ein Unfall die Weichen vom Weg in den möglichen Tod zum weiteren Leben. Vier Wochen vor dem Angriff auf die Sowjetunion brach ich mir bei einer Übung durch das Zuschlagen einer Panzerklappe drei Finger der linken Hand, so daß ich zunächst einmal außer Gefecht war. Nach der Ausheilung verschlug es mich dann nicht nach Osten, sondern ich kam mit einem Panzerersatzteillager nach Nordafrika. Dort pendelte ich als Unteroffizier mit zwei Fahrern auf einer Zugmaschine mit einem Tiefladeanhänger zwischen Benghasi und Tripolis, später bis Tobruk und dann auch bis Marsa Matruk (Ägypten). Mein Panzer-Regiment hingegen wurde vor Leningrad an einem einzigen Tage vollständig vernichtet.

Eines Tages, wir waren auf der Fahrt zur Verpflegungsstelle östlich von Marsa Matruk, sah ich zum ersten Mal die Wüsteneisenbahn in Betrieb. Einer meiner Fahrer erklärte mir, daß der Betrieb durch deutsche Soldaten geführt werde. Das weckte natürlich mein

Interesse. Auf der nächsten Fahrt zur Verpflegungsstelle ließ ich daher halten und ging zum Abzweigbahnhof Similla (zwölf Kilometer östlich von Marsa Matruk). Den dortigen Sonderführer (Dolmetscher) fragte ich kurz entschlossen, ob er Eisenbahner brauche. Mein Ansinnen stieß auf Wohlwollen, fast schon Begeisterung. Mit »Kußhand« griff er zu. Er wollte mich Oberleutnant Engelbrecht vom O.Q.Eisb. melden (Oberquartiermeister Eisenbahn).

Meinem Chef machte ich die Sache mit einer kleinen »Notlüge« schmackhaft. Ich sagte ihm nicht, daß ich selbst zum Bahnhof gegangen war und nachgefragt hatte, vielmehr erklärte ich ihm, ich hätte den Sonderführer per Anhalter mitgenommen und ihm während der Fahrt erzählt, daß ich Eisenbahner sei. Daraufhin habe dieser die Absicht geäußert, mich dem dem Oberleutnant Engelbrecht melden.

Mein Chef ahnte natürlich, was die Uhr geschlagen hatte und kommentierte meine Einlassungen lakonisch:

»Dann bin ich Sie los!«

Und so war es dann auch.

So kam ich also zum O.Q.Eisb. und war fortan in meinem angestammten Umfeld tätig. Obwohl ich nur eine Verkehrsausbildung besaß, wurde ich auf der Wüstenbahn als Zugführer eingesetzt.

Die Wüstenbahn war normalspurig und zweigte in Similla, zwölf Kilometer östlich von Marsa Matruk, von der Strecke Alexandria – Marsa Matruk ab. Bis zum damaligen Endbahnhof Tobruk-Achsenstraße waren es 342 Kilometer. Die Bahnlinie war von den Engländern in einem unerhörten Tempo errichtet worden. Sie schafften zwölf Kilometer Strecke an einem Tag. Der

Bahndamm wurde mit Bulldozern aufgeworfen, das erforderliche Material in Form von Wüstensand gab es ja in Hülle und Fülle. Danach wurde planiert, Schwellen aufgelegt und die Schienen mit ihrem Fuß in die Klammer der Unterlegsplatte gelegt. Anstelle der sonst üblichen Verschraubungen mußten bei der Wüstenbahn Keile genügen. Zwischen Schienenfuß und einer Halterung wurde jeweils ein Keil eingeschlagen, dadurch saß die Schiene vollkommen fest. So wuchs sehr schnell Meter um Meter.

Bis auf einen etwa 10 Kilometer langen Abschnitt war die gesamte Strecke mit Holzschwellen ausgestattet, auf diesem Zwischenstück hingegen lagen Spezialeisenschwellen, die zweiteilig waren und mit geänderter Verschraubung für drei verschiedene Spurweiten zu gebrauchen waren. Da der Wind den Sand hier unter den Schwellen herausgeweht hatte, durfte dieses Stück nur mit 30 Kilometern pro Stunde befahren werden, auf den übrigen Abschnitten waren 60 Kilometer pro Stunde erlaubt.

Den Betrieb führten die englischen Eisenbahnpioniere mit Dampfloks bis Tobruk. Das Wasser für die Loks wurde durch eine Pipeline von Alexandria herangeführt.

Als die deutschen und italienischen Truppen El Alamein erreicht hatten, versuchten einige wenige Eisenbahnsoldaten, die Bahn mit den primitivsten Mitteln wieder in Gang zu setzen. Ein erbeuteter englischer Panzerspähwagen bekam vorne und hinten je eine Eisenbahnschwelle, auf die zwei Stangenpuffer und ein Zughaken geschraubt wurden. Die Reifen wurden abgebaut und die Felgen dienten nun als Triebfahrzeugräder. Aber mit höchstens zwei oder drei Wagen war kein Staat zu machen, außerdem hielten das die Felgen nicht lange aus.

Zunächst fuhren die Italiener mit ihrem »fahrbaren Kleiderschrank« – anders konnte man das Gefährt wirklich nicht nennen. Es war ein Vehikel mit unten gelagertem Motor, die Achsen lagen unter den Wagenenden. Das Fahrzeug war mit seinen 20 Kilometern pro Stunde nicht gerade ein Hochgeschwindigkeitsobjekt, aber immerhin konnten schon fünf Wagen mit kurzem Achsstand befördert werden. Wagen mit großem Achsstand hätten nicht gekuppelt werden können, aber dieses Problem stellte sich nicht, weil es Fahrzeuge mit langem Achsstand in Ägypten noch nicht gab.

Schließlich kamen aus Deutschland zehn Wehrmachts-Diesellokomotiven der Bauarten WR 200 B 14 (Zweikuppler), WR 360 C 14 (Dreikuppler) und WR 550 D 14 (Vierkuppler) nebst einem Werkstattwagen zur Wüstenbahn.

Der Wagenpark stammte aus dem 19. Jahrhundert. An einem Wagen war das Fabrikschild zu lesen: Krupp Essen, Baujahr 1860.

Anstelle der üblichen Schraubenkupplung wurden bei der Wüstenbahn stets nur drei Kettenglieder verwendet.

Die deutschen Diesellokomotiven fuhren die lange Strecke bis Tobruk-Achsenstraße. Von dort fehlten noch etwa 30 Kilometer bis zum Hafen von Tobruk, doch waren die Italiener daran, dieses Reststück fertigzustellen. Die Bahnhöfe hatten in den meisten Fällen nur ein Kreuzungsgleis, selten gab es noch ein drittes Gleis. Lediglich der ägyptisch-libysche Grenzbahnhof Capuzzo machte hiervon eine Ausnahme: Seine Anlage verdient es, besonders erwähnt zu werden. Neben den üblichen

Gleisen verfügte er über einen großen Schienenkreis (Platz genug dafür war ja vorhanden). An verschiedenen Stellen wurden in diesen Kreis Ausweichgleise eingebaut. Diese wurden als Ladegleise benutzt. Die dafür erforderlichen Weichen waren einfachster Bauart und wurden mit einer Weichenstange umgestellt, die nicht einmal ein Gegengewicht hatte. Das dies immer wieder zu Unfällen führte, liegt auf der Hand, doch wußten wir damit umzugehen.

Die »Bahnhofsgebäude« bestanden aus Wellblechbaracken, die gegen Tieffliegerbeschuß mit Sandsackwänden umgeben worden waren. Der Abstand zwischen den Bahnhöfen betrug in der Regel 20 Kilometer, an einer Stelle auch nur 10 Kilometer. Viermal wurde die Strecke von einer Teerstraße gekreuzt: Bei Simalla querte die Küstenstraße die Bahn, dann kreuzte eine Straße zur Oase Siwah, die bald nach der Bahn in eine Sandpiste überging, und schließlich waren bei Capuzzo zwei Straßenübergänge.

An der gesamten Strecke gab es sage und schreibe einen einzigen Baum, wobei selbst dieser nur mit einer gehörigen Portion guten Willens als solcher bezeichnet werden konnte – eigentlich war das Gewächs eher ein groß geratener Busch...

Als ich damals zur Wüstenbahn kam, fuhren dort bereits die genannten Wehrmachts-Dieselloks. Als gelernter Eisenbahner hatte man natürlich gewisse Vorstellungen vom ordnungsgemäßen Betrieb einer Eisenbahn. Die Betriebsabwicklung der Wüstenbahn war, aus dieser Sicht betrachtet, stark gewöhnungsbedürftig. Ein Zugmeldeverfahren wie zuhause gab es nicht, obwohl entlang der Strecke in etwa 500 Metern

Abstand eine Telefonleitung verlief. So fuhren wir eben notgedrungen auf Sicht. Freilich wäre dafür, getreu den Betriebsrichtlinien in der Heimat, jeweils ein Erlaubnisschein erforderlich gewesen, aber auch diese Erfindung war damals noch nicht bis in die Wüste vorgedrungen. Somit führten wir die Fahrten nur bei Tageslicht durch, um etwaige Gegenzüge rechtzeitig zu erkennen. Zugkreuzungen entbehrten im Übrigen nicht eines gewissen Unterhaltungswertes: Aufgrund der in der Regel überaus klaren Sicht sah man entgegenkommende Züge bereits in etwa fünf Kilometern Entfernung. Standen sich die beiden Züge schließlich gegenüber, verhandelten die beiden Zugführer, wer zurückdrücken mußte. Üblicherweise traf es jeweils den Zug, der den kürzeren Weg zum nächsten Kreuzungsbahnhof zurück hatte. Dank dieser »Intermezzi« waren wir als Zugführer für eine Tour hin und zurück jeweils zwei Tage unterwegs.

Der »Geisterzug«

Zusätzlich zu all diesen »normalen« Betriebssituationen wurde unser Wüstenbahn-Alltag in schöner Regelmäßigkeit durch mitunter recht »kitzlige« Situationen gewürzt. So hatte beispielsweise ein Zugführerkollege seinen Leerzug von Simlla bis zum nächsten Bahnhof gebracht, wo er wegen Einbruch der Dunkelheit bis zum nächsten Morgen warten sollte. Dieser Kreuzungsbahnhof lag im Gefälle, was der Zugführer jedoch offenbar nicht bedachte.

Aus unerfindlichen Gründen wollte er den Zug auseinanderziehen: hätte er es doch bleiben lassen! Kaum hatte er die Lok abgehängt, machte sich der Zug auch schon selbstständig. Zu allem Unglück war der Zug völlig unbesetzt, da die italienischen Soldaten, die im Packwagen am Schluß des Zuges mitgefahren waren, den Zug bereits verlassen hatten und zu ihren Kollegen in das Bahnhofsgebäude gegangen waren. Wären sie noch im Zug gewesen, hätten sie ihn vielleicht noch abbremsen können. So aber rollte der Verband unaufhaltsam über die Strecke. Unterdessen lagen wir in unserem Zeltlager in einer kleinen feigenbaumgesäumten Oase etwas abseits der Strecke. Plötzlich störte das Rollen eines Zuges unser beschauliches Dasein. Als Kenner der Materie waren wir nun doch etwas verwundert, schließlich war doch eben erst ein Zug hochgefahren.

In der Zwischenzeit rollten die Wagen, von der Schwerkraft getrieben, zielstrebig auf ihren Ausgangsbahnhof Similla zu. Immerhin hatte man mittlerweile in der Schreibstube, etwa einen Kilometer vor dem Bahnhof, den »Geisterzug« bemerkt und bemühte umgehend das Telefon. Der führerlose Zug wurde im Bahnhof angekündigt, worauf die Diensthabenden hurtig die beiden Weichen auf Durchfahrt stellten. Keinen Moment zu früh, denn kaum lagen sie richtig, donnerte die Fuhre auch schon durch den Bahnhof.

Das Schlimmste war damit überstanden, denn hinter dem Bahnhof auf der Küstenstrecke stieg das Gleis allmählich wieder an, so daß der Zug langsam ausrollte. Nun kam die Lokomotive hinterher und holte ihre »verlorene« Fracht wieder ab.

Anschließend begab sich das Gespann endgültig zur mehr als verdienten Nachtruhe und wir, die wir mit dem Schrecken davongekommen waren, taten es ihr gleich. Es war alles noch mal gutgegangen.

Um Haaresbreite

Was für die Dampflokomotiven das Wasser, ist bekanntlich für Diesellokomotiven der Treibstoff. Als die Engländer seinerzeit die Bahn angelegt hatten, hatten sie für die Dampfloks das Wasser per Pipeline herangeführt. Da unsere Wehrmachtsdieselloks im Dieselverbrauch genügsamer waren als die Dampfloks im Wasserverbrauch, genügte es in der Regel, die Maschinen jeweils in Tobruk zu betanken. Für den Fall, daß es einmal doch nicht reichte, hatten die Maschinen einige 20-Liter-Kanister dabei.

Diese Reserve deponierten wir auf dem Umlauf der Lokomotiven. Angesichts der Gleislage war es geraten, die Kanister gegen Herabfallen zu sichern, denn bei 60 Kilometern pro Stunde schlingerten die Fahrzeuge mitunter erheblich. Wir banden also die Behälter mit einem doppelten Telefonkabel an den Handgriffen der Motorraumverkleidung fest.

Wieder einmal waren wir auf unserer obligatorischen Zweitagestour. Ich fuhr auf dem Führerstand und hatte die Kanisterreihe auf dem Umlauf ständig im Blick. So blieb mir auch nicht verborgen, daß die Behälter mit zunehmender Fahrtdauer ein beträchtliches Eigenleben entwickelten – offenbar war das Kabel nicht fest genug gezurrt worden. Und so näherte sich die Kanister bedrohlich der Kante des Umlaufes. Hier mußte schnell etwas geschehen, sonst waren wir die Behälter los. Also stieg ich hinaus auf den Umlauf, um die Kanister mit dem Fuß zurückzuschieben. Aber wie gesagt:

Bei Tempo 60 schlingerten die Maschinen beträchtlich und das sollte ich nun auch zu spüren bekommen.

Kaum auf dem Umlauf, drohte ich das Gleichgewicht zu verlieren. Ich suchte die Haltestange, griff aber vorbei. Noch einmal – gerade noch erwischte ich mit der Hand die Stange und zog mich an die Motorhaube. In dem Moment zwischen dem zweimaligen Nachfassen schoß es mir durch den Kopf:

»Kopf einziehen und abrollen!«

Sicherlich, ich wäre wohl einigermaßen weich gefallen, schließlich war rings um uns her Sand im Überfluß. Aber wer weiß, ob ich heil unten anfgekommen wäre – immerhin sind 60 Kilometer pro Stunde deutlich mehr als die berühmte »Blumenpflückgeschwindigkeit«.

Ich holte tief Luft – und dann arretierte ich die Kanister...

Wasser-Wüste

Nachdem ich bereits einige Zeit bei der Wüstenbahn war, erhielten wir eine Eisenbahnbetriebskompanie zur Verstärkung. Ich wurde zu dieser Kompanie versetzt, fuhr aber weiter als Zugfahrer.

Der Herbst kam heran und damit auch Regen. Nun ist ein heimatlicher starker Gewitterschauer überhaupt nicht mit einem afrikanischen zu vergleichen. Es gießt tatsächlich wie aus Eimern.

Wieder einmal begleitete ich einen Zug nach Tobruk. Unterwegs begann es, nein, nicht zu regnen, auch nicht zu gießen, sondern zu schütten. Wir fuhren wie durch eine Wasserwand und die Sintflut wollte und wollte nicht aufhören. Über zwei Stunden ging es so, aber wir fuhren weiter und fuhren und fuhren. Mittlerweile hatten wir auch einen richtigen Zugmeldebetrieb und konnten daher auch nachts fahren. Für die Zugmeldungen waren die Italiener zuständig.

Da von vorne nichts kommen konnte, ließen wir uns durch das Unwetter nicht aufhalten und tasteten uns durch die Dämmerung. Allmählich neigte sich die Strecke in eine Senke und der Zug kam ins Rollen. Links und rechts des Bahndammes stand Wasser, Wasser und nochmals Wasser und bildete einen riesigen See. Die ganze Senke war durch die Regenfälle zugelaufen, nur der Bahndamm ragte aus dem Meer. Das Wasser stand bis fast bis an die Gleise, aber die Schienen selbst schienen trocken zu liegen, also ließ der Lokführer den Zug laufen.

Leider trügte der Augenschein, das Wasser stand tatsächlich bis zur Schwellenoberkante, allerdings schwamm knochentrockener Wüstenstaub darauf und so mußten wir den Eindruck haben, als liege die Trasse trocken.

Auf und in den Wagen unseres Zuges saßen Männer eines Baubataillons. Sie sollten in Cappuzzo die Gleise des Ladekreises zur Gleisgewinnung abbauen. Wir rollten also in die Senke. Plötzlich begann die Lok zu springen. Vorne und hinten schlugen die Schienenräumer der Maschine auf die Schienenköpfe auf. Geistesgenwärtig nahm der Lokführer das Gas weg. Die Lok beruhigte sich wieder, das Schlagen hörte auf, aber wir fuhren wie auf »Eierpampe«. Durch das plötzliche Wegnehmen des Schubes rollten die nachfolgenden Wagen auf die Lok auf, dabei setzten sich die Puffer des ersten Wagens unter die Puffer der Lok. Normalerweise bestand durch die Kettengliederkupplung beim Fahren zwischen den Puffertellern immer ein Abstand von etwa 20 Zentimetern. Durch die Überpufferung hob die hintere Achse von den Schienen ab, aber ehe schlimmeres passieren konnte, standen wir auch schon. Wir stiegen alle ab. Wie gesagt, das Wasser stand bis zu den Schwellen, und da der Bahndamm ohnehin nur wenig breiter als das Gleisbett war, wateten wir in etwa fünfzig Zentimeter tiefem Wasser.

Nachdem wir uns ein Bild von der Lage gemacht hatten, schlugen die beiden Lokführer vor, die Puffer abzuschrauben, doch erwies sich das als unmöglich. Die Schrauben waren dick vom Rost bedeckt. Also kuppelten wir den Wagen an beiden Enden ab und drückten ihn zur Seite weg. Die Puffer waren nun wieder frei, allerdings stand der Wagen nun mit einer Achse außerhalb des Gleises. Das hätte uns normalerweise freilich nicht allzusehr gestört, das Wiedereingleisen gehörte gewissermaßen zu unseren »leichteren Übungen«. Aber ohne Schwellen war es unmöglich, ihn wieder aufzugleisen. Reserveschwellen lagen auf jedem Bahnhof und mit der Lok hätten wir einige holen können. Mittlerweile war aber die Sonne untergegangen und innerhalb einer Viertelstunde war es stockfinster. So mußten wir die Aktion auf den nächsten Morgen verschieben.

Gleich nach Tagesanbruch fuhren wir zum nächsten Bahnhof. Durch unser Mißgeschick gewarnt achteten wir nun sehr genau auf die Lage des Gleises, aber zunächst lief alles glatt. Doch plötzlich neigte sich die Lokomotive auf die Seite. Wir sahen uns schon unten liegen, aber glücklicherweise richtete sie sich wieder auf. Offenbar hatte das Wasser nur eine Seite des Dammes unterspült. So kamen wir unbeschadet im Bahnhof an, wo wir zunächst den Unfall meldeten. Dann luden wir einige Schwellen auf und fuhren zurück. An der unterspülten Stelle gaben wir besonders acht, aber auch dieses Mal ging alles glatt. Wieder beim Zug angekommen, machten wir uns an das Aufgleisen, was unter tatkräftiger Mithilfe der Bauleute schnell erledigt war. Eigentlich stand der Weiterfahrt nun nichts mehr im Wege – der unterspülte Teil lag fast gänzlich hinter uns, wir hätten also mit der gebotenen Vorsicht den Zug über das kleine Reststück ziehen können...

Doch erstens kommt es anders, zweitens als man denkt. Unsere Unfallmeldung hatte die Betriebsleitung auf den Plan gerufen, und so nahte nun ein Trupp italienischer Soldaten unter der Führung von Oberstleutnant Majattikof, seines Zeichens der Chef der Strecke.

Nachdem er sich ein Bild von der Lage gemacht hatte, wandte er sich an mich als Zugführer. Ich schilderte ihm meine Absicht, weiterzufahren, doch schien er anderer Ansicht zu sein. Nun erklärte ich ihm, daß die einseitig unterspülte Strecke ja lediglich wieder unterfüllt zu werden brauchte, dann wäre die Strecke wieder voll befahrbar. Im Übrigen seien wir ja mit dem Zug schon fast zur Gänze über die schlechte Gleislage hinüber, es wäre also Unsinn, erneut über die »Wasserpiste« zu fahren, noch dazu mit den Wagen voran. Doch was half es? Im Zweifelsfall hat der Capo immer recht, und so war es auch hier. Wider alle Vernunft mußten wir den Zug zurückdrücken, der Herr Oberstleutnant wollte es so.

So rollten wir also in den nächstgelegenen Bahnhof zurück. Dort wartete schon seit Stunden der nächste Zug. Auf Anordnung des Oberstleutnants sollten wir nun mit diesem nach Similla zurückfahren (Die Frage nach dem Sinn oder Unsinn dieses Hin- und Herfahrens stellten wir schon gar nicht mehr). Nun hatten wir in unserem Zug einen Flak-Wagen mitgeführt, und den wollten wir wieder mit zurücknehmen. Allerdings stand dieser nun direkt vor der Lok und versperrte damit dem Lokführer die Sicht auf die Strecke. Das Fahrzeug war eine eindrucksvolle Konstruktion: auf einem offenen vierachsigen Hochbordwagen war aus Holzbohlen eine Plattform aufgebaut worden, auf der die Flak installiert war.

In der Heimat hätte das Vehikel eine geradezu klassische Lademaßüberschreitung abgegeben, hier in der Wüste nahmen wir es mit dem Lichtraumprofil freilich etwas weniger genau, schließlich hatten wir lichten Raum in Hülle und Fülle...

Doch bei aller Großzügigkeit: Im »Blindflug« wollten wir den Lokführer doch nicht fahren lassen, daher wollten wir den Wagen mit Hilfe der zweiten Lokomotive in die Mitte des Zuges rangieren, denn in der geschilderten Konstellation hätte der Lokführer rein gar nichts gesehen.

Doch nun hatte Oberstleutnant Majattikof seinen zweiten Auftritt. Kraft seines Amtes verlangte er, daß wir in just dieser Konfiguration zu fahren hätten. Den Irrsinn, einen Zug über ein beschädigtes Gleisstück zurückzuschieben, hatten wir ja zähneknirschend noch mitgemacht, aber nun auch noch ohne Not blind durch die Wüste zu fahren, schien mir des Schlechten doch etwas zu viel. Also weigerte ich mich und erklärte ihm, daß ich so nicht abfahren würde.

Da schrie er mich an:
»Io capo di Linia!!« (Ich bin Chef der Strecke)
Gut, schreien konnte ich auch:
»Io capo di Treno!!« (Ich bin Zugführer).

Oh je, nun hatte ich ihn aber erbost. Er winkte zwei italienischen Soldaten und die pflanzten ihr Seitengewehr auf und kamen auf mich zu. Jetzt wurde es ernst, doch ich kam gar nicht dazu, zu überlegen, was jetzt zu tun sei, denn ich sah, wie die Männer unserer Flak ihre Zwei-Zentimeter-Kanone auf den Oberstleutnant richteten:

»Mensch Männer, macht keinen Mist!!« rief ich ihnen zu, »das gibt Kriegsgericht!«

Der Klügere gibt bekanntlich nach, und da wir uns als solche betrachteten und überdies gegen derart »schlagende Argumente« wenig einzuwenden vermochten, bissen wir erneut in den sauren Apfel, taten, wie uns befohlen und fuhren blind bis zum nächsten Bahnhof.

Drei Tage später sprach mich mein Kompaniechef an:

»Uffz. Grunow, Sie haben sich unmilitärisch gegen Oberstleutnant Majattikof benommen.«

Ich antwortete:

»Herr Oberleutnant, gegen einen Italiener kann ich mich überhaupt nicht unmilitärisch benehmen!«

Zugegeben, diese Antwort war einigermaßen unverschämt, aber offenbar traf sie den richtigen Nerv. Er ließ sich von mir den Vorfall schildern, schmunzelte und ließ mich ansonsten unbehelligt.

Der Rückzug

Kurze Zeit nach dieser Episode begann der Rückzug. Den Begriff »Rückzug« nahmen wir durchaus wörtlich: unsere Fahrzeuge sollten soweit als möglich nach Tobruk gebracht werden. Zusammen mit einigen weiteren Kompanieangehörigen hatte ich in einem vierachsigen gedeckten Güterwagen einen »Schlafwagen« eingerichtet. Dort lag ich nun bequem auf meiner Luftmatratze. Unser Zug bestand aus drei Wagen, die von einem Schienen-LKW gezogen wurden. Mit diesem »Nachtexpress« rissen wir nun vor den Engländern aus. Ein Zug folgte dem anderen und unserer war mittendrin.

Unser Schlafwagen befand sich am Schluß des Zuges. Aus irgendeinem Grund mußte der vor uns fahrende Zug auf freier Strecke anhalten, so daß auch wir nicht weiterfahren konnten. Zunächst ließ uns der Zwangshalt einigermaßen unberührt, aber leider war der Lokführer des nachfolgenden Zuges weniger aufmerksam als unserer: Er bemerkte das Hindernis erst, als es bereits zu spät war und donnerte in unseren schönen Schlafwagen. Zwar war uns weiter nichts passiert, aber unser Vehikel verlor bei diesem ungebührlichen Annäherungsversuch sein hinteres Drehgestell, so daß an ein Weiterfahren nicht mehr zu denken war. Notgedrungen stiegen wir um, den lädierten Wagen ließen wir am Bahndamm liegen, was allerdings nicht allzu schlimm war, da die Fahrzeuge am Zielbahnhof Tobruk ohnehin zerstört werden sollten.

Wer wie ich Eisenbahner mit Leib und Seele ist, wird nachvollziehen können, daß mir diese Zerstörungsorgie sehr wehtat. Gerade die Dieselloks hatten uns selten im

Stich gelassen und sich unter den harten Einsatz-
bedingungen in der Wüste hervorragend bewährt. Zwar
waren unsere Zweiachser für die Betriebserfordernisse
eigentlich zu schwach, aber sie konnten, Führerhaus an
Führerhaus gekuppelt und mit einer Kardanwelle verbunden, von einem Führerhaus aus gefahren werden.

Der Dreikuppler war robust und reichte für unsere,
aus bremstechnischen Gründen verhältnismäßig leichten Züge, völlig aus.

Einzig der Vierkuppler hatte uns immer wieder
Probleme bereitet, da er recht störanfällig war. So ist es
auch kein Wunder, daß die Zwei- und Dreikuppler als V
20 bzw. V 36 noch jahrzehntelang bei DB und DR im
Einsatz blieben, während die Vierkuppler, von denen es
ohnehin nur sechs Maschinen gab, sang- und klanglos
von den Schienen verschwanden.

Nach dem Rückzug aus Libyen und Ägypten kamen
wir nach Tunesien. In Tunis saß ich als Schreiber beim
Transportoffizier und hatte keine betrieblichen Aufgaben mehr.

Auch nach dem Dienstende bei der Wüstenbahn
blieb ich der Eisenbahn treu. Nachdem wir uns aus
Nordafrika zurückgezogen hatten, war ich für kurze Zeit
in der Heimat, danach wurde ich als Fahrdienstleiter
auf verschiedenen kleinen Bahnhöfen im Frontgebiet
eingesetzt. Das Kriegsgeschehen brachte es mit sich, das
bei der Betriebsabwicklung die Kunst der Improvisation
gefordert wurde, aber darin waren wir nach den
Erlebnissen in Afrika ja geübt.

Europa hat mich wieder

Eine Tollkühnheit

Mittlerweile war das Jahr 1945 gekommen. Die Zeit bei der Wüstenbahn lag lange zurück und uns hatte es mittlerweile ins sogenannte »Protektorat Böhmen und Mähren« verschlagen. Im April 1945 war ich als Helfer des Zugleiters in Ostrava eingesetzt. Untergebracht waren wir in einer Schule in Frydek-Mistok.

Die dienstfreie Zeit nutzte ich zu vielfältigen Unternehmungen. Eines Nachmittags besuchte ich Kameraden aus unserer Kompanie, die nördlich von Ostrava in einem kleinen Grenzbahnhof an der Grenze zu Oberschlesien Dienst taten. Wir wollten eigentlich einfach nur zusammensitzen und ein wenig »schwatzen«. Der Bahnhof selbst war eher unbedeutend, so daß ich mir den Namen auch nicht merkte.

Auf dem Kreuzungsgleis warteten fünf mit Langholz beladene S1a (vierachsige Plattformwagen mit Eisenrungen) darauf, eine Zuglok zu erhalten, die die Fuhre über die Grenze bringen sollte. Vorgesehen war eine Lok der Baureihe 50, die gerade dabei war, an den Zug zu setzen. Langsam fuhr die Maschine an die Wagen heran. Urplötzlich riß die Lokomotive Wasser. Dem Lokführer war es nicht möglich, sie anzuhalten und so krachte die schwere Maschine mit einem mächtigen »Bums« gegen die Langholzwagen. Die Lokomotive kam dadurch zum Stehen, aber dafür kamen nun die Wagen ins Rollen – physikalisch zwar korrekt, bahnbetriebstechnisch aber in höchstem Maße unerwünscht. Der tschechische Rangierer, der die Lok hätte ankuppeln sollen, blickte zu den Wagen, erkannte aber zu seinem Schrecken, daß keiner über eine Handbremse verfügte. Schnell ergriff er einen Hemmschuh, den er vor eines der Wagenräder legen wollte – doch auch damit hatte er kein Glück: der Bahnsteig bestand nur aus einer festen Kiesbettung, die an der Außenseite des Gleises bis auf Höhe der Schienenoberkante aufgeschüttet war. Dadurch konnte der Hemmschuh nicht auf der Schiene aufliegen und folglich auch seiner Aufgabe nicht gerecht werden.

Wegen dieser niedrigen Bahnsteige hatten übrigens die dort eingesetzten Personenwagen eine Trittstufe mehr, damit die Reisenden bequem ein- und aussteigen konnten.

Nun, der Rangierer, mit den örtlichen Gegebenheiten vertraut, wußte dies natürlich, daher versuchte er erst gar nicht, den Hemmschuh auf Höhe des Bahnsteigs einzusetzen. Er eilte vielmehr an den rollenden Wagen entlang bis zum Bahnsteigende. Uns war zunächst nicht ganz klar, was er vorhatte, doch wir mußten nicht lange auf die Auflösung warten. Als er nämlich am Bahnsteigende angekommen war, ließ er zunächst noch zwei Drehgestelle des immer schneller werdenden Verbandes an sich vorbeirollen und warf sich dann unter debn nächsten rollenden Wagen mitten zwischen die Schienen. Den Hemmschuh noch immer griffbereit in der Hand, ließ er, flach auf den Schwellen liegend, noch zwei Drehgestelle über sich hinwegrollen, dann legte er den Hemmschuh auf die Schiene und hielt ihn

fest, bis sich das rollende Rad auf ihn geschoben hatte.

Tatsächlich brachte er durch diese Tollkühnheit den Zug zum Stehen. Uns war der Schrecken in alle Glieder gefahren. Durch seine lebensgefährliche Aktion hatte der Mann den Zug vor weitgehender Zerstörung bewahrt – aber ob man deswegen sein kostbarstes Gut aufs Spiel setzen sollte? Erst im Nachhinein wurde uns klar, daß es nicht nur um die fünf Wagen Langholz gegangen war. Tatsächlich nämlich waren die Wagen immer schneller auf die Ausfahrt in Richtung Frydek-Mistok zugerollt. Direkt hinter der Einfahrweiche jedoch begann die Strecke, sich mit 1:100 zu neigen. Die Gefällestrecke war neun Kilometer lang und endete im Bahnhof Frydek am Prellbock. Nicht auszudenken, was dort hätte passieren können, wenn die Wagen in den Bahnhof gerast wären...

So hatte der Rangierer unter Einsatz seines eigenen Lebens womöglich das Leben vieler anderer gerettet – ob man ihn dafür irgendwie belobigt hat? Ich nehme es kaum an. Was galt den deutschen Dienststellen überhaupt ein Menschenleben? Was galt es noch dazu, wenn es »nur« das eines Tschechen war?

Ich habe nie wieder von ihm oder seiner Heldentat gehört, doch vergessen habe ich ihn bis heute nicht.

Mein Weg in die Heimat

In diesen Apriltagen des Jahres 1945 war wohl auch dem letzten von uns klar geworden, daß der Krieg verloren war. Dennoch mußten wir weiterhin unseren Dienst tun – als ob wir damit noch irgendetwas ändern könnten. Insofern war es kein Wunder, daß mancher von uns nicht nur das Ende herbeisehnte, sondern insgeheim daran dachte, dieses Ende notfalls selbst herbeizuführen. Am 30. April 1945 hatte ich mich endlich durchgerungen und beging Fahnenflucht.

Da auch diese Episode zu meinem Eisenbahnerleben gehört, möchte ich mein kleines Tagebuch dem geneigten Leser nicht vorenthalten.

29. April 1945

Noch immer müssen wir zum Dienst nach Mährisch Ostrau, obwohl die Russen wieder in die Stadt hineinschießen. Aus diesem Grund sind auch die tschechischen Eisenbahner nicht mehr zum Dienst gekommen, mein Kamerad Karl und ich müssen die Zugleitung alleine machen. Von unserem Leutnant Marholt haben wir nicht viel Hilfe zu erwarten. Für den Weg zum Dienst nehmen wir das Fahrrad, die Eisenbahn wird wohl ohnehin bald ganz ausfallen. Gegen Mittag gibt es einige Einschläge in unmittelbarer Nähe der Dienststelle, so daß wir mit den Telefonapparaten und dem ganzen Papierkram in den Keller ziehen. Hier fühlen wir uns auch wieder einigermaßen sicher.

Karl ist noch ganz diensteifrig und legt Züge über Züge ein, um den riesigen Bahnhof von Mährisch-Ostrau zu räumen, ich frage mich allerdings, wohin diese denn gefahren werden sollen? Der Krieg ist verloren. Von Brünn her stoßen die Russen auf Mährisch Ostrau zu und es zeichnet sich bereits ein großer Kessel ab, der nicht mehr lange offen sein wird.

Soll man diesen Unsinn wirklich noch bis zum letzten Ende mitmachen? Für mich ist die Weiterführung des Krieges heller Wahnsinn. Soll ich dafür in den letzten Kriegstagen noch mein Leben riskieren? Soll ich dafür nach Sibirien in die Kriegsgefangenschaft zu gehen? Andererseits: als Fahnenflüchtiger erschossen oder aufgehängt zu werden? Aber man braucht sich ja nicht erwischen zu lassen.

Auf jeden Fall muß ich mir unter allen Umständen irgendwoher Zivilkleider besorgen. Im engsten Kameradenkreise haben wir den Fall schon oft genug erwogen. Ich habe mich, ganz gegen meine sonstige Gewohnheit, äußerst zurückgehalten und nichts von meinen Absichten verraten. Feldwebel Rühls Ausspruch: »Selig sind die, die nach Westen Raum gewinnen«, kann ich nur bejahen. Er wäre außer Karl wohl der einzige Zuverlässige. Kamerad Hand wäre wohl zu ängstlich, mit Alfred Stark harmoniere ich zu wenig und Max Hasenbein ist zu verbohrt, dem dürfte ich mit so etwas nicht kommen. Er erzählt noch immer, daß wir siegen. Bleibt nur noch Karl.

Während wir im Keller sitzen, zusammen mit Leutnant Marholt und den beiden Männern von der technischen Zugleitung (Lokeinsätze), spricht Marholt, so unsympathisch er auch ist, zu uns und gibt uns den privaten Rat, abzuhauen. Ich höre mir das an, halte aber den Mund. Schließlich schiebe ich Karl unauffällig einen Zettel hin: »Io parte oggi sera« (Ich fahre heute abend ab). Ich schreibe italienisch, weil ich weiß, daß die anderen die Sprache nicht beherrschen. Karl jedoch hat begriffen und sagt mit in einem Augenblick des Alleinseins, daß wir das noch besprechen werden. Als die Ablösung da ist, fahren wir heim. Es fällt aber kein Wort zwischen uns über diese Angelegenheit.

Ich beschließe, noch nicht an diesem Abend zu fahren, denn ich bin müde. Außerdem soll Max Hasenbein keinen Verdacht schöpfen. Es wird noch Nächte genug geben, in denen ich nicht schlafen kann. Als wir uns für die Nacht verabschieden, sagt Karl, daß wir morgen alles richtig besprechen wollen, denn ohne Zivil ginge das nicht. Ich merke, daß auch ihm die Sache zu unsicher ist und er mich zurückhalten will. Karl fehlt der Mut und er würde mich damit nur behindern. Eine Portion Frechheit gehört nun einmal dazu: Wer nicht wagt, auch nicht gewinnt. Also werde ich mich alleine nach Westen durchschlagen. Da ich ohnehin Einzelgänger bin, ist mir dieser Alleingang im liebsten. Zwar verliere ich durch den Abmarsch am nächsten Morgen zwölf wertvolle Stunden, aber daran ist nun mal nichts zu ändern.

30. April 1945
Mitten in der Nacht werde ich durch Lärm geweckt. Was ist passiert? Die Zugleitung wird von Mährisch Ostrau nach Friedeck-Friedberg verlegt. Karl Dubberke soll zusammen mit Alfred Stark sofort mit Gepäck dorthin und aufbauen. Max Hasenbein soll am Morgen Hans Rühl in Mährisch Ostrau ablösen und als Leiter der Zugleitung zurückkommen.

Mit Karl stehe ich auf dem Flur. Er fragt mich:
»Willst Du nun wirklich fort?«
»Ja, Karl, das steht für mich fest!«
»Dann mach's gut Erich und Hals- und Beinbruch!«
»Danke Karl und auf Wiedersehen!«
Ein fester Händedruck, ein gegenseitiger Blick in die Augen, dann trennen wir uns.

Schlafen kann ich nicht mehr. Ich frühstücke zusammen mit Max Hasenbein. Mein Marschgepäck habe ich verstaut, es enthält vor allem Verpflegung für längere

Zeit (ich habe die Küche noch ordentlich geplündert). Für den Erwerb der zivilen Kleidung habe ich zwei Flaschen Dreistern-Kognak dabei. Von Hans Rühl habe ich mir zwei Handgranaten »ausgeliehen«. Ansonsten wird außer dem Karabiner nebst Gasmaske und Koppelzeug nichts mitgenommen.

Endlich fährt Max mit dem Fahrrad nach Mährisch Ostrau. Auf einem Zettel schreibe ich, dass ich zum »Organisieren« von Lebensmitteln über Land bin, außerdem vermache ich Hans Rühl meine gesamten Rauchwaren.

Nicht weit entfernt hört man MG schießen und Panzer brummen. Offenbar ist die russische Artillerie um Mährisch Ostrau wieder sehr rege doch hier, in Groß-Kunzendorf ist es noch ruhig.

Ich mache mich fertig. Unbeobachtet von den Kameraden verlasse ich die Schule durch einen rückwärtigen Ausgang. Ich marschiere rüstig aus, um Kilometer zu gewinnen. Züge meide ich, um nicht von Kompanieangehörigen gesehen zu werden, obwohl ich mich wohl mit einer Lüge herausreden könnte. Allerdings muß ich auch auf der Straße vorsichtig sein, immerhin könnte der Kompaniechef mit einem Pkw zu einem der Bahnhöfe unterwegs sein. Ein kurzes Stück nimmt mich ein Feuerwehrfahrzeug mit, dann verlasse ich die Straße und gehe am Bahnkörper entlang. Nachdem ich einen Bach überquert habe, komme ich wieder auf eine Landstraße. Hier kann nach meinem Ermessen kein Fahrzeug der Kompanie mehr kommen.

Über Mährisch Ostrau steigt dicker schwarzer Qualm auf, vielleicht hat ein Kesselwagenzug Feuer gefangen? In Friedberg weiß ich am Rande der Stadt eine Gaststätte, wo ich mich erst einmal stärke. Dann nehme ich den Weg zum nächsten Bahnhof wieder auf, von wo ich fahren will.

Ein Nickerchen in der Wiese will mir nicht gelingen, die Nerven sind zu angespannt. Noch könnte ich zurück. Wenn ich nach Kunzendorf führe, käme ich noch rechtzeitig zum Dienst. Aber mein Entschluß ist gefaßt und ich habe begonnen, ihn in die Tat umzusetzen.

Auf dem Bahnhof angelangt, sehe ich einen Güterzug ohne Halt durchfahren. Das wäre der richtige Zug für mich gewesen. Ein anderer Güterzug wird noch von Feldgendarmerie oder Wehrmachtsstreifen kontrolliert. Zur Sicherheit habe ich meinen Kompanie-Fahrausweis Mährisch Ostrau_Friedeck-Friedberg bis Königgrätz verlängert. Das Mädchen vom Fahrkartenschalter hat verständnissinnig gelächelt. Zweck hat es wohl kaum, denn die Typen der Schreibmaschine sind etwas anders.

Der nächste Zug ist ein endlos langer Personenzug, der hält. Endlich geht es los. Neben mir auf der offenen Plattform steht ein Frontunteroffizier, der noch ganz voller Begeisterung ist und auf die vielen Fahnenflüchtigen schimpft. »Wenn der wüßte, dass neben ihm einer steht!«, denke ich. Früher hätte ich ihm ja recht gegeben. Ich habe ja früher auch alles gut geheißen, was man uns erzählt hat. Ich habe nie »Feindsender« gehört, ich habe bis zum Verlust Rumäniens fest an den Sieg geglaubt...

Aber seit der Rhein von den Amerikanern überschritten ist und die Oder von den Russen, habe ich an keinen Sieg mehr geglaubt. Und als Hitler schließlich versucht hat, Frauen und Kinder auf die Barrikaden zu hetzen, ist er für mich restlos erledigt. Ich denke überhaupt nicht daran, mein Leben noch für einen

Wahnsinnigen herzugeben. – Rede ruhig weiter, Du Begeisterter. Ich bin auf der Hut, schaue auch ab und zu in das Innere des Wagens, ob nicht eine Streife kommt. Wir sind schon eine Strecke gefahren – ich kann längst nicht mehr zurück – da sagt mir eine innere Stimme: »Sieh in den Wagen«.

Ich befolge dies und erblicke einen Hauptmann der Wehrmachtsstreife, der die Soldaten kontrolliert. Im Nu habe ich Karabiner und Packtasche und arbeite mich nach hinten durch. Zum Glück hält der Zug gleich, ich springe ab und verstecke mich im dunklen Tannenwald. Der Personenzug fährt weiter, aber auf dem Nachbargleis steht ein bespannter Kohlenzug. Alsbald habe ich ein Bremserhäuschen bestiegen, die Türen verschlossen und harre nun der Abfahrt.

Schon nach kurzer Reise halten wir auf dem nächsten Bahnhof: »Walatisch Meseritsch«. Dort finde ich wieder einen langen Räumungszug mit vielen Personenwagen. Mit Einbruch der Dunkelheit verläßt er den Bahnhof. Die Feldgendarmerie, die auf dem Bahnsteig die Landser kontrolliert, habe ich die ganze Zeit im Auge behalten.

In Mährisch Weißkirchen wechsle ich erneut den Zug: in einem Personenwagen, der dem planmäßigen Nahgüterzug als Packwagen dient, geht es weiter. Die Nahgüterzüge sind schneller als die Räumzüge, weil kaum ein Bahnhof Platz hat, stehen die Räumungszüge endlos auf den Knotenbahnhöfen und warten.

1. Mai 1945
Heute habe ich Geburtstag. Ich denke nur kurz daran, dann gehen meine Gedanken zurück. Was werden die Kompaniekameraden zu meiner »Abreise« gesagt

haben? In den kurzen Schlafphasen gehen mir wilde Träume durch den Kopf.

Morgens läuft der Zug auf dem Güterbahnhof von Prerau ein. Ich springe ab und besteige einen unter Dampf stehenden Leerzug. Hier draußen auf dem Güterbahnhof ist man vor Kontrollen sicher. Tschechische Arbeiter haben einen Wagen mit hochgradigem Alkohol entdeckt, dem sie mit Eimern, Schüsseln und Kannen zu Leibe gehen. Ich werde aufgefordert, mir auch etwas zu holen. Ich winke ab, so gerne wir auch bei der Kompanie einen und noch einen »genommen« hatten. Im Augenblick kommt Alkohol nicht in Frage. Endlich geht es weiter, aber auf dem nächsten Bahnhof bleiben wir schon wieder für unbestimmte Zeit stehen. In der Ferne hört man Panzerbrummen. Der Kessel schließt sich. Hoffentlich rollt bald einer der Züge weiter. Das Warten macht einen nervös, immerhin ist die Strecke Prerau – Olmütz die letzte, die aus dem Kessel führt.

Da naht völlig unerwartet ein Verband, der von einem Schienen-Lkw geführt wird. Es folgen zwei Wagen und am Schluß ein weiterer Schienen-Lkw. Erinnerungen werden wach an die Wüstenbahn. Auf diesem Zug komme ich schnell nach Olmütz.

Dort steht ein OT-Bauzug (OT = Organisation Todt) unter Dampf. Ich darf in einem der Wagen mitfahren. Es dauert auch nur eine Stunde, dann geht die Reise los. Ich bekomme sogar Mittagessen gereicht und erhalte zum Zeitvertreib ein Buch, das ich trotz der anhaltenden Spannung lesen kann. Es kommt darin sogar etwas von einem Fahnenflüchtigen vor. Die OT hat von irgendwoher Schnaps »organisiert«. Auch ich soll ein Glas mittrinken. Es ist ein furchtbarer Fusel, der auch alsbald seine verheerende Wirkung zeitigt. Schon grölen Betrunkene, in meinem Wagen werden große Reden geschwungen. Das ist noch zu ertragen.

In Hohenstadt, auf sudetendeutschem Boden, stehen wir stundenlang. Plötzlich gibt es draußen Krawall. Ein betrunkener OT-Mann hat randaliert lauthals gepöbelt, es führen so viele Zivilisten im Zug mit. Daraufhin erscheint die Polizei und holt sie alle aus dem Zug heraus. Sie sollen mit dem Personenzug weiterfahren. Ich will mich nicht schnappen lassen, daher ziehe ich mir, als ob mich friert, meinen braunen Afrikamantel an, in dem ich mich mit der braunen Mütze kaum von einem OT-Mann unterscheide.

Die Tarnung glückt, aber das Herz rast. Ein OT-Mann fragt mich, ob meine Papiere auch in Ordnung seien, denn verdächtig bin ich dadurch, daß ich nicht mit dem Personenzug weiterfahre. Ich stelle die Gegenfrage, ob er meine Ausweise sehen will. Erwartungsgemäß lehnt er ab.

Gegen Abend rollt der Zug endlich weiter. Wenn wir nur erst das deutsche Gebiet wieder verlassen hätten und uns auf Protektoratsboden befänden!

Es ist schon Nacht, als wir in Triebitz, dem letzten deutschen Bahnhof vor Böhmisch Trübau halten. Ich liege auf dem Bett und versuche zu schlafen. Aber jedes kleinste Geräusch jagt mich hoch. Geht es weiter? Nein! Das Ausfahrtsignal leuchtet noch immer rot. Wieder liege ich. Da höre ich plötzlich Kuppeleisen schlagen. Und schon bin ich mit allen Sachen draußen und besteige die Lok, die abgehängt hat. Das Ausfahrtsignal wechselt auf grün und schnell rollen wir nach Böhmisch-Trübau hinein.

2. Mai 1945

Menschenleer sind die Bahnsteige. Mit geschultem Blick habe ich bald heraus, wo die Züge in Richtung Prag abfahren und besteige einen unter Dampf stehenden Güterzug. Im Bremserhäuschen mache ich es mir bequem.

Aber es dauert wieder zwei Stunden, ehe die Fahrt losgeht. Die Bahnhöfe des Protektorats sind durch die vielen Räumungen restlos voll gefahren. In Wildenschwert steigen zwei Landser in voller Kriegsausrüstung auf meinen Wagen und wollen mitfahren. Erstaunt sehen sie schon einen Fahrgast. Ich frage, wohin sie wollen:

»Wir haben unseren Transport verloren«, antwortet einer in echt köllschem Dialekt. Ich tue so, als ob ich es glaube und sage, daß ich hier einen Transport begleite. Insgeheim denke ich anders: In voller Ausrüstung mit Waffen und Brotbeutel verliert man keinen Transport. Offenbar handeln die drei ebenfalls nach dem Spruch: »Selig sind die, die nach Westen Raum gewinnen.«

In Chotzen steht der Zug wieder und macht keine Anstalten, weiterzufahren. Die Unruhe plagt mich furchtbar. Da ich Prag ohnehin umgehen möchte, weil mir dort der Boden zu heiß ist, nehme ich meinen Kram und laufe entlang der Nebenbahnstrecke, die nach Königgrätz hinüber führt.

Nach einem Dreikilometermarsch komme ich an einer von Partisanen gesprengten Straßenbrücke vorbei. Eine Lok steht hier eingeschlossen. Auch hinter ihr ist die Strecke gesprengt. Ich beschließe, mich erst einmal in einem Haus zu waschen und zu rasieren. Zuerst blickt man mich sehr feindlich an, aber ich sage nur: »Scheißkrieg verdammter!«

»Abhauen!« erwidert der Hausherr nur. Ich bücke

mich und erwidere, indem ich die beiden Kognak-
flaschen aus der Packtasche ziehe: »Zivil!«

Das hilft: Der Hausherr verschwindet und erscheint
nach einiger Zeit mit vollständiger Garderobe wie
Mantel, Hose, Jacke, Hemd, Binder und einer Mütze.
Zum Mittagessen werde ich eingeladen. Dann ziehe ich
mich um und vernichte alles, was mich als Soldaten
erkennen läßt. Auch das Soldbuch fliegt ins Herdfeuer.
Nachmittags verlasse ich das Haus. Die Dorfbewohner
von Aujest gucken neugierig, aber in Chotzen, in das ich
zurückmarschiert bin, beachtet mich keiner mehr. In
den Nachrichten hatte ich noch gehört, daß der Führer
gefallen sein soll. Vor der Kommandantur standen zwei
Soldaten als »Ehrenwache«.

In einer Schaufensterscheibe betrachte ich mich
zufrieden: Ich sehe echt aus.

Nun ist auch die Nervenanspannung von mir gefallen. Am Fahrkartenschalter kaufe ich mir nun für die
genehmigungsfreien 75 Kilometer eine Fahrkarte und
fahre nach Königgrätz. Zwar bin ich etwas in Sorge, daß
mich jemand ansprechen könne, denn dann würde man
mich wohl doch als Deutschen erkennen. Aber ich stelle
mich schlafend, was zwar anstrengend ist, aber vor
Gesprächen schützt.

Bald habe ich auch Anschluß nach Chlumetz, wo ich
wieder auf einen anderen Zug warte. Zwei südländisch
aussehende Zivilisten treten auf mich zu:

»Sprechen Sie deutsch?« fragen sie in gebrochenem
Deutsch.

Eine innere Stimme sagt mir: »Keine Gefahr!«

»Ja, ein wenig«, antworte ich in etwas hartem
Tonfall, um mich zu sichern.

»Wir sind Italiener!«

»Oh bene, parlo anche italiano!«

»Belissimo!« Die beiden sind hoch erfreut. So geht die Unterhaltung in ihrer Heimatsprache weiter. Die Italiener sind von der OT getürmt und wollen sich nach Hause durchschlagen. Zum Abschluß geben sie mir den Rat, mich als Italiener auszugeben. Davon hätte ich viele Vorteile. Das will ich tun. Nun können mich getrost alle Leute ansprechen.

3. Mai 1945

Ohne Zwischenfälle komme ich heute bis Kralup. Ich habe mir als Grenzübergang Lenneschitz erwählt. Dort vor der Grenze will ich warten, bis die Amerikaner kommen oder Waffenstillstand ist. Kralup ist von Bomben sehr mitgenommen.

Hier habe ich längere Zeit Aufenthalt und gehe ein Stück aus der Stadt hinaus, um mir ein Plätzchen an der Moldau zum Schlafen zu suchen. Da ich nichts Rechtes finde und es außerdem anfängt zu regnen, schlendere ich langsam zurück zum Bahnhof. Ein Eisenbahner spricht mich an, dem ich mich als italienischer Lehrer ausgebe. Wir reden über die militärische Lage. Er spricht etwas Deutsch und ich radebreche, denn fließend darf ich es nicht sprechen und auch nicht alles sofort verstehen. Schließlich lädt mich der Mann ein, bei ihm zu übernachten. Ich lehne dankend ab, da ich ja meinen Zug habe, mit dem ich weiterfahren will. An einer Kreuzung trennen wir uns. Als ich eine Weile auf dem Bahnsteig auf und ab gegangen bin, kommt der Mann zurück und sagt, daß seine Frau mich einlade. Also gehe ich doch mit. Ein anständiges Nachtlager ist schließlich auch nicht zu verachten. Die Arbeiterfamilie gibt mir von ihrer kargen Verpflegung ein Abendessen ab. In der Unterhaltung entwickele ich den italienischen Standpunkt. Was hält mich heute noch aufrecht? Das ist nur der Gedanke an meine Angehörigen, die ich wiedersehen will. Was hätte sonst noch das Leben für einen Sinn?

Auf einer Chaiselongue bekomme ich ein Nachlager hergerichtet, während Frau und Kinder sicherheitshalber in den Luftschutzkeller gehen. In tiefem Schlaf hole ich verlorene Nachtruhe nach.

4. Mai 1945

Von Kralup geht es am frühen Morgen fahrplanmäßig weiter. Aber in der Luft ist es unruhig. So bleibt der Zug wegen Fliegeralarm lange stehen. Ich kenne die alliierte Luftwaffe und ziehe es vor, mich keinen Tieffliegerangriffen auszusetzen. Ich marschiere querfeldein. Von Schlan fahre ich ein Endchen mit einem Trecker mit, laufe dann wieder einige Kilometer bis zu einem Bahnhof vor Laun, von wo ich nun wieder mit der Bahn fahre. In Laun bemühe ich mich vergeblich, als Italiener Quartier zu bekommen. Zu dumm, daß man jetzt überhaupt nicht weiß, was los ist. Auf dem Marsch nach Laun waren das Erzgebirge schon zu sehen. Chemnitz lag nicht mehr allzuweit ab. Aber wo sind die amerikanischen Linien? Auf deutschem Boden funktioniert immer noch die deutsche Polizei und die schafft es, einen noch kurz vor Toresschluß im Namen des Volkes zu erschießen oder aufzuhängen. So schlafe ich auf dem Bahnhof in einem abgestellten Personenwagen. Am nächsten Morgen will ich versuchen, so weit wie möglich an Pilsen heranzufahren, wo die Amerikaner sind.

5. Mai 1945

Der Zug bringt mich zurück nach Kirchsassen, wo ich in Richtung Pilsen umsteigen will, denn ganz bis dorthin fahren keine Züge mehr. Bis zum Nachbarort muß ich laufen. Dort werde ich Zeuge, wie ein Tscheche einer größeren Menschenmenge eine Proklamation verliest. Das Volk spricht von Schluß. Ist es soweit? Warum blieb ich nicht in Laun? Jetzt mache ich mir Vorwürfe. Aber war hilft es? So gehe ich in den Wartesaal, um dort auf den Zug zu warten, der erst abends fahren soll. Ich beginne zu frühstücken. Der Fahrdienstleiter kommt und sagt mir etwas auf tschechisch. Als ich auf deutsch radebrechend antworte, schimpft er wütend auf mich. Ich lasse deshalb wieder die italienische Platte laufen, und schlagartig ändert sich das Bild. Der Mann ruft seine Frau und heißt mich, mit ihr zu gehen. Dort kann ich mich wieder waschen und rasieren, bekomme Sirup- und Schmalzstullen vorgesetzt, nebst Rührei und Kaffee. Außerdem packt mir die Frau Brot und Schweinefleisch sowie zwei gekochte Eier ein. Stündlich werden die Amerikaner erwartet. Da ich nicht tschechisch spreche, bemüht sich die Frau, mich in Sicherheit zu bringen, weil das Volk zu aufgebracht ist. Mir ist die Sorge um mich unangenehm, aber da man an die Straße will, wo man die Amerikaner erwartet, gehe ich mit. Die Frau übergibt mich einem Feuerwehrmann, dieser einem Polizisten, und von dem werde ich wieder einem anderen weitergereicht. Schließlich lande ich im Klassenzimmer einer Schule unter lauter festgesetzten Landsern, Offizieren und Zivilisten, aber treu und brav spiele ich meine italienische Rolle weiter. »Nur hier heraus, nur irgendwie hier weg!«, denke ich. Gleich an der Tür haue ich mich auf eine Matratze. Mit dem Posten spreche ich französisch und stelle fest, daß man mich für einen Engländer hält.

»Ihre Leute kommen gleich!« meint der Polizeioffizier. Auf dem Flur der Schule ist ein tolles Hin und Her. Von Soldaten abgenommene Waffen werden gebracht und an Tschechen ausgeliefert. Neben mir liegt ein fußamputierter Soldat, ein Obergefreiter. Warum ist der noch Soldat? Auch mit ihm unterhalte ich mich auf französisch. Sein französisch ist »Zucker«. Ich frage ihn, woher er so gut französisch spreche. Er antwortet mir, daß er Universitätsprofessor für romanische Sprachen sei. Er fragt mich:

»Ich denke, Sie sind Italiener? Die Tschechen halten Sie für einen Engländer.«

»Non, je suis italien!«

»Oh, das ist ja fabelhaft. Dann können wir ja italienisch zusammen sprechen.«

Au weh, das hat mir gerade noch gefehlt. Jetzt platzt Dein Schwindel, sage ich mir. Er fragt mich nun auf italienisch, woher ich wäre. Ich nenne ihm Vicenca, eine Stadt in der Po-Ebene, wo ich 1944 einmal einen Lehrgang mitmachte. Dort gibt es auch große Menschen. Ich markiere den Müden und drehe mich von dem Professor ab.

Zwischendurch wird Essen ausgeteilt, das ich nicht vorübergehen lasse. Die Tschechen benehmen sich anständig, teilen das durchsuchte Gepäck wieder aus, ebenso die Ausweise. Schließlich wird das Klassenzimmer zu voll und die Tschechen beschließen, die Landser und Zivilisten in den Saal eines Gasthauses zu bringen, während die Offiziere im Klassenzimmer verbleiben sollen. Draußen soll in Dreierreihen angetreten werden. Aufgrund meines Zivils schreite ich ruhig durch die gaffende Menge, die mir bereitwillig Platz macht, und verschwinde in ruhigem, aber zügigen Schritt in Richtung Dorfausgang. Im Dort wird toll geschossen. Die Tschechen probieren die Waffen aus. Böiger Wind und Regenwetter sind nicht das beste Wetter. Im Wald unter dem Schutz einer großen Fichte lagere ich mich, um den Abend abzuwarten und überlege, was ich weiter unternehmen soll. Die Straßen und die Ortschaften sind stark bewacht. Auf dem lehmigen Acker neben der Bahn kann ich schlecht laufen. Im Wald geht es sich besser. Nur habe ich weder Karte noch Kompaß und Sterne sind auch nicht zu sehen, daß man sich orientieren könnte. Aber das ist gleichgültig. Ich werde in angemessenem Abstand die Bahn im Auge behalten und neben ihr in Richtung Pilsen laufen. Im nächsten Ort kommt die Bahn nahe an den Wald heran. Im Bahnhof gleist man gerade einen Wagen auf, so daß ich unbemerkt daran vorüber kann.

Dann allerdings verliere ich die Strecke aus den Augen. Ich befinde mich neben dem Anschlußgleis eines Zementwerkes. Auf er Suche nach der Bahn irre ich durch den ganzen Ort, mich ständig vor Radfahrern und Fußgängern in Gräben, hinter Bäumen und Häuser verbergend. Endlich sehe ich die Baken, die einen Überweg ankündigen. Erst drei Streifen, dann zwei, dann einer und dann ein: »Halt!!«

Vor mir stehen Posten, die den Überweg mit einem gedeckten Güterwagen verstellt haben. Ich gebe mich wieder als Italiener aus und werde abgeführt, aber das ist mir jetzt gleich, denn ich bin ziemlich fertig. Man liefert mich wieder in einer Schule ab. Dort fragt man mich, ob ich Hunger habe, aber ich habe nur Durst, den ich mit einem Glase Bier lösche. Ein Serbe führt mich in den Tanzsaal und erzählt mir, daß sie oben schon

Ungarn, Polen, Serben und auch zwei Italiener haben. Schon wieder Italiener! Aber schließlich ist es mir dann doch vollkommen »schnuppe«, wenn ich nur schlafen kann. Die »Landsleute« haben Zeit.

6. Mai 1945

Heute ist Sonntag. Draußen regnet es endlos. Hier habe ich ein Dach über dem Kopf, und wenn das Wetter besser ist, meine Sachen trocken sind und ich mich gestärkt habe, werde ich mich schon wieder selbständig machen. Der Serbe zeigt mir die Landsleute. Nur gut, dass er mit ihnen nicht sprechen kann. Der eine ist grobschlächtig und sieht nicht sehr intelligent aus. Der andere macht einen frischen, gesunden und klugen Eindruck und scheint erst Anfang zwanzig zu sein. Ich hatte zuerst gehofft, dass es die beiden aus Chlumetz seien. Sie sind es nicht, aber das macht nichts. Für die Frühstücksausgabe fehlen drei Marken, gerade die für uns »Italiener«.

»Quanto mankano?« (wieviele fehlen?), frage ich den Jüngeren. Er ist erstaunt, in seiner Muttersprache angesprochen zu werden, aber antwortet gleich. Den beiden kann ich die freudige Mitteilung machen, daß ihr Haus, das in der Nähe der Kaserne von Vicenca steht, nicht von Bomben getroffen ist. Nach dem Essen stehen wir am Fenster und sehen die »Amerikaner« durchfahren. Es sind aber keine, sondern es handelt sich um »Wlassowleute«.

Ich unterhalte mich vornehmlich mit dem jungen Italiener. Wir haben viel gemeinsamen Gesprächsstoff, und den Tschechen gegenüber ist alles in bester Ordnung, wenn ich immer mit meinen »Landsleuten« zusammen bin.

7. Mai 1945

Wo bleiben nun die wirklichen Amerikaner? Man hört und sieht nichts von ihnen. Abwechselnd liege ich auf dem Strohsack oder stehe am Fenster. Am Nachmittag gibt es Arbeit auf dem Bahnhof. So erfahre ich wenigstens, wie der Ort heißt: »Lodnitz«.

8. Mai 1945

Die Wlassowarmee kommt mit blutigen Köpfen aus Prag zurück. Wir müssen für sie Quartiere schaffen. Nachmittags muß ich zusammen mit einem Ungar einen Fünf-Tonner-Lkw mit Kartoffeln abladen. Der Ungar verdrückt sich sehr schnell, während ich flott arbeite, was mir ein Lob und einen Schlag Essen extra einbringt. Als Italiener hätte ich gar nicht so schnell arbeiten dürfen. Außerdem muß ich, da ich die deutsche Sprache so »einigermaßen« beherrsche, einem durchreisenden »Landsmann« mit Protektoratspaß den Dolmetscher machen. Der Italiener freut sich, daß er verstanden wird, die Tschechen nicht minder, daß sie ihm alles sagen können.

Daß ich manches nicht ganz richtig spreche, macht nichts, er weiß ja nicht, daß ich ein »Landsmann« von ihm bin. Mein Honorar: ein Glas Bier.

9. Mai 1945

Es ist Nacht. Auf der Straße rollen Fahrzeuge, es rasseln Panzer. Die Amerikaner? Die Russen? – Nein, weder noch. Denn jetzt erklingt ein noch immer schneidig gesungenes Soldatenlied. Was ist da los? Ich schlafe erst einmal weiter. Als es tagt, blicke ich zum Fenster hinaus. Deutsche Soldaten, Zivilisten, Eisenbahner rollen auf Fahrzeugen oder marschieren zu Fuß. Alle kommen sie aus Richtung Prag. Die Soldaten in Waffen. Ich kann mir das alles nicht zusammenreimen. Jedenfalls sind das Deutsche, die ungehindert gen Westen ziehen. Da sind Deutsche, da gehörst Du auch hin!

Ich trage meinen jetzt wieder trockenen Mantel nach unten, klopfe ihn aus, hole mein Bündelchen und warte ab, bis der Posten weggeht. Ich mache mich dann durch Nebenstraßen zur Hauptstraße auf den Weg, wo ich kräftig ausschreite, damit mich die Tschechen nicht zurückholen. Einen marschierenden Soldaten frage ich nach der Lage:

Ab Mitternacht gilt ein vollkommener Waffenstillstand. Der Krieg ist zu Ende. Schließlich erwische ich einen Lkw, an dem ich mehr hänge als stehe. So komme ich einige Kilometer weiter. Vor Rokitzan sehe ich die ersten Amerikaner und auch Franzosen. Kameraleute filmen. Ein Lkw unserer Kompanie überholt mich. Ehe ich mich bemerkbar machen kann, ist er vorbei. Vor Pilsen werden alle Kfz in großen Parks zusammengezogen und abgestellt, während die Soldaten und die Zivilisten getrennt auf offenen Wiesen liegen. Hier habe ich erst einmal ein Ziel erreicht. Ob ich mich nun noch weiter durchschlage, hängt von der weiteren Entwicklung der Dinge ab. Jedenfalls habe ich den Krieg unverwundet überstanden und meine Fahnenflucht ist geglückt.

10. Mai 1945

Die Amerikaner bringen die Insassen des Zivilinterniertenlagers ins Lager Alt-Pilsen, das sich auf dem Gelände einer stillgelegten Brauerei befindet. Die Leute sind sehr euphorisch: »Es geht nur über die Grenze und dann können wir nach Hause«, sagen sie.

In dieser Stimmung werfen sie alles weg, was sie

nicht unbedingt brauchen, so daß ich mich wieder mit Decken, Zeltplane, einer Unterhose zum Wechseln und einem Paar vollständig neuer Schnürschuhe ausrüsten kann, denn meine Knobelbecher fallen bald auseinander. Auch 2700 Kronen (270 RM) kann ich erbeuten, die ein dämlicher Hitlerjunge dem Amiposten als Fundsache abgeben will.

»Gib her, ich gebe sie ihm, ich spreche englisch.«

Ich gehe zum Posten und unterhalte mich mit ihm, daß die Sache echt aussieht.

23. Mai 1945

Alle Wehrmachtsangehörigen werden erfaßt und ins Kriegsgefangenenlager bei Pilsen überführt. Es heißt, daß wir dort nur kurze Zeit bleiben sollen, um dann in die Heimat entlassen zu werden. Ich wollte mich nach Halle entlassen lassen, aber hier im Lager werden wir in Gaue eingeteilt, denen wir am 1. September 1939 angehört haben.

Am 27. Juni 1945 erledigte ich die Entlassungsformalitäten. Zwar durfte ich nicht nach Hause, weil, die Amerikaner noch keine Soldaten in die russische Besatzungszone entließen. Aber wir alle durften Wahladressen angeben. Ich gab Eschwege in der asmerikanischen Zone an, weil dort meine Cousine wohnte. Am 7. Juli ging es zum Entlassungslager, am 9. Juli verließ ich das Lager und fuhr mit zahlreichen »Wahlhessen« nach Nürnberg, wo wir übernachteten. Am nächsten Tag ging es weiter nach Gießen. Am 11. Juli 1945 schließlich erreichte ich mein Ziel Eschwege. Dort traf ich unverhofft meine Geschwister und erfuhr, daß meine Mutter nach Bremen flüchten konnte. So machte ich mich am nächsten Tag auf den Weg dorthin. Am 17. Juli schließlich erreichte ich Bremen. Wenig später fand ich wieder Arbeit bei der Eisenbahn in Rotenburg (Wümme). Damit war ich sozusagen wieder in heimatlichen Bahngefilden, denn Rothenburg gehörte ebenso zur Direktion Hamburg wie Wittenberge.

Nachsatz:
Mein Freund Karl Dubberke kam nach mißglückter Flucht am Kapitulationstage in russische Kriegsgefangenschaft und wurde erst nach über zwei Jahren entlassen. Ein Lokführer unserer Kompanie kam erst nach vier Jahren in die Heimat zurück. Er hatte das EK I.

Wieder in Wittenberge

Geistesgegenwart

Nach meinem Rotenburger Intermezzo kehrte ich schließlich nach Wittenberge zurück. Zwei Jahre Ausbildung hatte ich noch zu absolvieren, aber zunächst einmal faßte ich nur schwer wieder Fuß. Die Aussicht, noch zwei Jahre mit einem Ausbildungsgeld von monatlich 160 Mark auszukommen, war auch nicht gerade entzückend, mein Ehrgeiz hielt sich dementsprechend in Grenzen.

Beim Zugpersonal hingegen konnte man gut verdienen, allerdings bedurfte es dazu erst einmal einer gründlichen Ausbildung im Rangierdienst. Neben der Theorie bestand ein großer Teil aus praktischer Arbeit.

So orientierte ich mich also um und arbeitete fortan im Rangierdienst. Als einfacher Rangierer hatte man die Aufgabe, ablaufende oder abgestoßene Wagen mit Hemmschuhen aufzufangen oder mit Handbremsen anzuhalten, damit es keine Wagen- und Ladegutschädigungen geben konnte oder gar Unfälle passierten.

Eines Tages rollte ich mit einem beladenen Kesselwagen vom Ablaufberg hinunter. Der Auslauf auf der Magdeburger Seite war ziemlich kurz, also drehte ich die Handbremskurbel fest an. Bald aber merkte ich, daß die Ladung so schwer war, daß der Wagen nicht wie gewünscht zum Halten kommen würde. Vor uns auf dem

Gleis stand ein Leerwagen, hinter diesem lag eine Weiche, die aber auf den anderen Gleisstrang gestellt war. Der Kesselwagen rollte unaufhaltsam auf den Leerwagen zu. Würde er auf den Leerwagen auffahren, würde dieser durch den Stoß selbst in Fahrt geraten und womöglich die Weiche aufschneiden oder gar entgleisen. Hier war schnelles Handeln gefragt.

Ich fackelte also auch nicht lange, sondern sprang von der Bremsplattform hinab und lief vor den rollenden Wagen. Die Schraubenkupplung des Kesselwagens hing wegen der Rangierarbeiten herab, und ich wollte dies über den Kuppelhaken des Leerwagens werfen, um ihn anzukuppeln und damit zu verhindern, daß er durch den rollenden Wagen abgestoßen würde. Das Unterfangen war bodenlos leichtsinnig und wurde auch prompt geahndet: zwar gelang es mir, die Kupplung zu ergreifen, aber noch ehe ich sie richtig gepackt hatte, hatte mich der rollende Wagen eingeholt und mir einen kräftigen Stoß verpaßt, so daß ich auf die Gleise fiel. Instinktiv warf ich mich flach auf den Bauch und lag parallel zur linken Schiene – der Wagen rollte über mich hinweg. Glück gehabt, sagte ich mir, und als der Wagen über mich hinweg war, sprang ich wieder auf. Den Aufprall des Kesselwagens an den Leerwagen konnte ich freilich nicht mehr verhindern, und wie erwartet setzte sich dieser in Fahrt. Aber vielleicht...ich dachte nicht lange nach, rannte am Gleis entlang an das vordere Ende des Leerwagens und stemmte mich mit aller Kraft gegen das langsam auf die ominöse Weiche zurollende Fahrzeug.

In der Not setzt der Mensch ungeahnte Kräfte frei und so war es auch hier: tatsächlich gelang es mir, den Wagen mit bloßer Körperkraft zum Halten zu bringen und dann sogar, ihn langsam zurückzudrücken. So schob ich ihn im Schweiße meines Angesichts auf den Kesselwagen und kuppelte ihn an. Geschafft!

Pikanterweise fand die gesamte Aktion vor großem Publikum statt: der zwei Gleise weiter liegende Bahnsteig war nämlich schwarz vor Menschen. Sie alle warteten auf den D-Zug nach Magdeburg. Sie hatten sicher alles gesehen. Ob sie meine ungewöhnliche Rangierweise für eine Art Unterhaltungsprogramm für wartende Reisende gehalten haben, weiß ich nicht, aber so manchem dürfte angesichts des Vorfalls sicherlich der Atem gestockt haben.

Heute ist die ganze Geschichte natürlich längst »verjährt«, damals allerdings zog ich es vor, meinem Rangierleiter nichts von meinem Abenteuer zu erzählen, denn der hätte mir wohl tüchtig die Leviten gelesen – und das völlig zu Recht. Es ist kein Geheimnis, daß gerade im Rangierbetrieb immer wieder schlimme Unfälle passieren, und daher ist es auch verständlich, daß heute das Ankuppeln von Wagen im Rangierbetrieb nur dann zulässig ist, wenn beide Fahrzeuge stehen.

Der Bahnhofshase

Als die ersten Eisenbahnen gebaut wurden, gab es nicht wenige kritische Stimmen, die sich gegen das neue Verkehrsmittel aussprachen. Gesundheitsschäden für die Fahrgäste, aber auch lebensgefährliche Bedrohung für die Tierwelt wurden als Argumente ins Feld geführt. Nun, die Geschichte der Eisenbahn ließ sich dadurch nicht aufhalten und die nachfolgenden Jahrzehnte belegen, daß die einst gehegten Befürchtungen grundlos waren. Mehr noch: im Lauf der Jahre entwickelte sich das Bahngelände zum Lebensraum für zahllose Tier- und Pflanzenarten, die an den Gleisen ungestört ihr Dasein fristen, weil sie dort von den Menschen in Ruhe gelassen werden – bekanntlich ist ja das Betreten der Bahnanlagen für Unbefugte verboten.

Auch der Bahnhof Wittenberge bot mit seinen ausgedehnten Gleisanlagen Heimat für mancherlei Getier. Gewissermaßen zur Stammbelegschaft gehörte ein Hase, der in ruhigen Stunden zwischen den Bahnhofsgleisen der Berliner Seite umherhoppelte. Für Meister Lampe war das Terrain geradezu ein Paradies, denn er fand dort immer allerlei Freßbares.

Hinter dem Bahnhof floß das kleine Flüßchen Stepenitz vorbei, das nicht weit entfernt in die Elbe mündete. Der Winter 1946/47 war außergewöhnlich kalt und schneereich gewesen und demzufolge hatte die Elbe nun, nachdem die Schneeschmelze eingesetzt hatte, mächtig Hochwasser. Dieses drückte nun auch in die Stepenitz, und so hatte das ansonsten so unscheinbare Gewässer die Breite eines Stroms angenommen. Nur zwei kleine Grasinseln lugten noch aus den Fluten hervor und siehe da, auf der einen saß – unser Bahnhofshase. Einer der Kollegen trug lange Schaftstiefel. Der wohlgenährte Hase weckte bei ihm Begehrlichkeiten – verständlicherweise, immerhin schrieben wir das Jahr 1947. So verkündete er:

»Den hol' ich mir.«

Angesichts der Wassermassen waren wir uns dessen nicht so sicher, er aber war optimistisch. Langsam watete er auf des Hasen Insel zu. Dieser sah ihm interessiert zu, als er allerdings zu dem Schluß kam, daß ihm unser Kollege allmählich zu nahe kam, begab er sich ins

Wasser und schwamm zu der anderen Insel. Unser Kollege stapfte unverdrossen hinter ihm her. Die Jagd war recht lustig anzuschauen, wobei der Gejagte dem Jäger immer deutlich mehr als eine Nasenlänge voraus war. Als der Jäger sich nunmehr der zweiten Insel näherte, beschloß der Hase den geordneten Rückzug und schwamm in großem Bogen wieder auf die erste Insel zu. Den Verfolger hatte das Jagdfieber nun ganz und gar gepackt: »Das Vieh mußte doch im Wasser zu kriegen sein?«

Mit schnelleren Schritten stiefelte er hinterher. Plötzlich ein Plumps, es platschte und spritzte – und dann lag der verhinderte Hasenfänger im kalten Winterwasser. Er hatte buchstäblich die Bodenhaftung verloren...

Offenbar war ihm in seinem Jagdeifer entgangen, daß es vom Reichsbahnausbesserungswerk zur Stepenitz einen Abflußgraben gab. Durch das Hochwassser war der freilich nicht mehr zu sehen, und er war nun zielsicher in den Graben gefallen.

Wer den Schaden hat, braucht für den Spott nicht zu sorgen, und so begleitete den triefenden Jägersmann unser höhnisches Gelächter. Er verzog sich kleinlaut in den Aufenthaltsraum, wo er sich und seine nassen Sachen am eisernen Ofen trocknen konnte. Dem triumphierenden Hasen gönnte er keinen Blick mehr.

»Wir wollen nach Gotha«

Ab 1948 fuhr ich als Schaffner. Mein Dienstplan sah wechselnde Einsätze sowohl im Personen- als auch im Güterzugdienst vor. Ein Tag des Dienstplans umfaßte

Deutsche Reichsbahn

zwei Touren mit dem Personenzug nach Stendal und zurück. Über Mittag konnte ich nach Hause zum Essen. Ich bemühte mich, immer korrekt und genau zu sein. Es galt die Devise:

»Wehe den Schwarzfahrern, wohl dem »ordentlichen« Reisenden.«

Eines Tages waren wir auf der Rückfahrt der ersten Stendaler Tour, als ein Reisender an mich herantrat:

»Herr Schaffner, die Toilette ist schon über zwei Bahnhöfe hinweg besetzt. Ich muß aber dringend austreten.«

»Na, wollen man sehen, vielleicht ist der Riegel vorgefallen.«

Ich klopfte an die Tür. Als sich nach dreimaligem Klopfen niemand meldete, öffnete ich mit dem Vierkant. Drinnen waren zwei halbwüchsige Jungen und ein ebenso altes Mädchen.

»Na. Wo wollen wir den hin?« fragte ich leutselig.

»Wir wollen nach Gotha,« sagte das Mädchen in jämmerlichem Ton. Dem äußeren Anschein nach schien sie die »Hellste« der drei zu sein, und offenbar fiel ihr auch die Sprecherrolle zu.

»Aber die Eisenbahn will ja ihr Geld haben. Nicht so schlimm, dann schreiben wir eben eine Nachlösung aus. Zeigt mir mal Eure Ausweise, dann zahlen Eure Eltern eben das Geld, wird nur etwas teurer.«

»Wir haben keine Ausweise.«

»Au, das ist schlimm. Was wollt Ihr denn machen, wenn Kontrollen kommen? Keine Fahrkarten, kein Geld und keine Ausweise. Das gibt es ja gar nicht.«

»Doch, wir sind über die Grenze gekommen. Der Russe hat uns geschnappt und hat uns alles weggenommen.«

»Auch die Ausweise?«

»Ja, auch die Ausweise.«

»Ja, ja, der »böse« Russe. Aber Ausweise müßt Ihr haben, und die Deutsche Reichsbahn will das Geld haben. Doch jetzt setzt Euch erst mal ruhig hin und in Wittenberge werdet Ihr dann wenigstens behelfsmäßige Ausweise bekommen.«

Ich überließ die drei einstweilen sich selbst, nachdem ich dem »notdürftigen« Reisenden die Toilette freigeräumt hatte.

Nach der Ankunft in Wittenberge führte ich die Halbwüchsigen zur Aufsicht. Der Genosse der Transportpolizei kam sofort und sagte freundlich:

»Na kommt mal mit, das geht alles in Ordnung.«

Zufrieden mit mir selbst ging ich nach Hause zum Essen. Als ich am am Nachmittag wieder zum Dienst kam, nahm mich mein Zugführer zur Seite und sagte:

»Kollege Grunow, Sie haben dreie geschnappt, die aus der Erziehungsanstalt ausgerissen waren.«

Jetzt war ich überrascht, denn das hatte ich nicht vermutet. Ich hatte die drei für »normale« Schwarzfahrer gehalten, zumal sie sich ausgesprochen »manierlich« benommen hatten und ordentlich angezogen waren. Aber schließlich ist es auch im Heim nicht verboten, auf sein Äußeres zu achten und sich zivilisiert zu benehmen. Nach Gotha allerdings werden sie vermutlich nicht gekommen sein.

Erlebnisse eines Zugführers

Die Kunst des Bremsens

Die nächsthöhere Stufe auf der Karriereleier ist nach dem Schaffner der Zugführer. Ich erreichte diese Sprosse 1949 und fuhr von da an lange Jahre in dieser Funktion, zunächst von Wittenberge aus, später von Pasewalk.

Als Zugführer hatte man nun natürlich eine ungleich größere Verantwortung, denn immerhin war man ja für den ganzen Zug, dessen ordnungsgemäßes Verkehren und dergleichen mehr zuständig.

Eines Tages sollte mein Schaffner und ich im Nordbahnhof in Wittenberge einen Kalizug übernehmen, den wir bis Bad Kleinen bringen sollten. Der Eisenbahnbetrieb ist fast immer ein Kampf gegen die Uhr und auch an diesem Tag war die Zeit wieder einmal knapp. Alles sollte möglichst schnell gehen, von der Betriebsleitung hieß es:

»Schnell, schnell, Ihr sollt noch vor dem Personenzug raus!«

Also dann: Die Lok setzte an den Zug, pumpte Luft in die Bremsleitung und dann machten wir die »einfache Bremsprobe«. Der Lokführer bekam anhand der Unterlagen seinen Bremszettel.

Damals war die Strecke von Wittenberge nach Norden noch eingleisig, daher waren unterwegs immer wieder Zugkreuzungen zu erwarten. Immerhin waren die Kreuzungsgleise auf der Berlin – Hamburger Bahn großzügig bemessen und für Züge bis zu 150 Achsen ausgelegt. In Dergenthin sollten wir mit einem Gegenzug kreuzten. Also ging es auf die »Seite«. Wir »trudelten« langsam in das Ausweichgleis und kamen ordnungsgemäß am Ausfahrsignal zum Stehen.

Der nächste Halt war in Ludwigslust. Hier ging es zuerst durch die Weichenstraße zum Güterbahnhof. »Reintrudeln« war hier nicht drin. Der Lokführer setzte rechtzeitig zum Bremsen an, dennoch kam der Zug erst zehn Längen hinter dem Ausfahrsignal nach Schwerin zum Stehen. Der Lokführer zu mir: »Na Zugführer, die Bremsen stimmen wohl nicht ganz?!«

»Du weißt doch, es mußte mal wieder schnell gehen. Ich werde mal die Bremsen überprüfen«, antwortete ich.

Das tat ich dann auch, und dabei stellte ich einen ganz »dicken Hund« fest. Von den 25 angeschriebenen Bremsapparaten waren nur 13 eingeschaltet. Außerdem war in den Papieren ein nur handgebremster Wagen als luftgebremst angeschrieben worden. Das erklärte natürlich alles – aber diese Nachlässigkeit hätte gewaltig ins Auge gehen können.

Das war mir eine strenge Warnung. Von da an prüfte ich jeden übernommenen Güterzug nach, ganz gleich, wie eilig es war. Ich überprüfte, ob die Bremsprozente auch stimmten, wenn nötig, stellte ich einen berichtigten Bremszettel aus und vermerkte auch das richtige Bremsgewicht im Wagenzettel.

Aber was wurde dabei geschlampt! Einmal überprüfte ich in Angermünde einen Kohlezug aus Senftenberg. Hier mußte ich die angegebenen Bremsprozente von 42 auf 28 % heruntersetzen. 30 % waren aber damals auf der Strecke Angermünde – Pasewalk verlangt. Das war mir dann doch zuviel, ich schrieb eine Meldekarte.

Doch Senftenberg hüllte sich in Schweigen, es kam und kam keine Antwort. In der Zwischenzeit leistete sich ein Zugführer aus Cottbus ein ähnliches Ding. Hier mußte ich die Bremsprozente von 38 auf 27 % reduzieren. Fehlende Bremsprozente stellen eine sehr hohe Betriebsgefahr dar.

Da ich über derartige Mißstände nicht stillschweigend hinwegsehen wollte, andererseits meine Meldekarte immer noch unbeantwortet war, wählte ich einen anderen Weg: Ich schrieb einen scharfen Brief an die Eisenbahnerzeitung

»Fahrt frei« mit der Unterschrift: »So nicht, Zugführer Z...!«

Der Brief ist niemals erschienen. Allerdings landete er in Cottbus, wo man sehr erstaunt darüber war, daß der so gute Zugführer Z... so etwas machen würde. Sechs Wochen später übernahm ich wieder einen Zug, den der Zugführer Z... aufgeschrieben hatte. Jetzt stimmten die Bremsgewichte auf die Tonne...

Schließlich kam auch die Meldekarte zurück. Ein umfangreicher Vorgang war daraus geworden. Jeder Zugführer, der den Zug begleitet hatte, war befragt worden, Keiner hatte unterwegs auch nur eine Bremse ausgeschaltet.

Das Problem mit den Bremsen beschäftigte uns auch weiterhin. In Berlin-Wuhlheide wurde von einem Angermünder Zugführer ein Zug »nach Gutdünken« aufgeschrieben. Er hatte ausgeschaltete Bremsen aufgeschrieben, funktionierende weggelassen, bis am Ende das Bremsgewicht ungefähr stimmte. Dabei wurden die fertiggestellten Güterzüge doch luftgebremst in die Ausfahrgleise gezogen – man brauchte nur am Auslöser zu »zupfen«, um festzustellen, ob die Bremsen eingeschaltet waren. Als ich ihn einmal traf, sprach ich ihn darauf an. Einen Freund gewann ich dadurch freilich nicht. Noch drastischer reagierte ein Kollege aus Pasewalk, als ich ihn darauf ansprach, daß er in Ueckermünde beim Aufschreiben keinen Lastwechsel umgestellt hatte. Er nannte mich unverblümt »Hammel«.

Ein anderer Pasewalker Zugführer schließlich sagte mir einmal, daß er bei jedem Zug, den er übernommen hätte, erst einmal Angst hatte, ob die Bremsen stimmen, bis der Zug das erste Mal zum Halten gekommen war.

Ich erzählte ihm dann meine Methode und sagte zu ihm: »Ich bin mir da immer vollkommen sicher!«

Die Luft ist raus

Wieder einmal waren wir auf der Berlin – Hamburger Schiene unterwegs. Wir fuhren einen Durchgangsgüterzug von Schwerin nach Wittenberge. Daß bei eingleisigen, stark belegten Strecken mit Halten zu rechnen ist, liegt auf der Hand. Aber die Bezeichnung »Durchgangsgüterzug« für unsere Fuhre war an diesem Tag der glatte Hohn. Von elf möglichen Kreuzungsbahnhöfen an der Strecke hatten wir nicht weniger als alle elf mit einem längeren Aufenthalt »beglückt«. Und dabei stand nicht etwa nur jeweils eine Kreuzung oder Überholung auf dem Programm – nein, es waren auf jedem Bahnhof zwei oder drei Züge gewesen, die uns auf die Seite zwangen.

Endlich verließen wir den letzten Kreuzungsbahnhof Schilde. Ich atmete erleichtert auf und sagte im Stillen zu mir:

»Jetzt kann nichts mehr passieren!«

Man soll den Tag nicht vor dem Abend loben. Kaum gedacht, da wars auch schon passiert: Ein Knall, ein Zischen und da standen wir auch schon wieder. Ein Luftschlauch war geplatzt. Nun ist das an und für sich kein Beinbruch. Der Schlauch wird ausgewechselt, die Leitung gefüllt und die Reise kann weiter gehen. Bei einem routinierten Zugführer oder Schaffner dauert so etwas nicht lange.

Aber der Teufel steckt ja meist im Detail und in unserem Fall riß eben nicht der Schlauch eines x-beliebigen Wagens, sondern just der eines Beutewagens aus dem Krieg. Der aber hatte andere Luftschläuche: Sie ließen sich wohl mit den genormten DR-Schläuchen verbinden, aber das Anschlußgewinde zum Luftrohr entsprach nicht den bei uns üblichen. So konnten wir unsere Ersatzschläuche nicht anschrauben, was zur Folge hatte, daß der Defekt mit »Bordmitteln« nicht reparabel war.

Es blieb uns nun nichts anderes übrig, als den ganzen Zug zu entlüften und handgebremst nach Wittenberge hineinzufahren.

Ehe es weiterging, mußte ich erst einmal den Schaffner wecken, der auf seinem Bremsturm mittlerweile eingeschlafen war. Kein Wunder, wir waren schließlich schon eine Weile unterwegs. Endlich erschien er.

Diese Panne kostete uns eine weitere halbe Stunde. Von Schwerin nach Wittenberge waren es 80 Kilometer – dafür brauchten wir sage und schreibe acht volle

Stunden von der Abfahrt bis zur Ankunft... für einen Durchgangsgüterzug sind zehn Kilometer pro Stunde wahrlich eine beindruckende Durchschnittsgeschwindigkeit...

Der rauchende Viehbegleiter

Eines Nachmittags hatte ich einen Durchgangsgüterzug nach Schwerin zu begleiten. Wie gehabt schrieb ich die Wagen auf und ging dabei den Zug entlang. Im Verband lief ein Viehwagen mit, in dem Kühe der Besatzungsmacht transportiert wurden. Sie standen auf einer schönen, dicken Strohschütte und wurden von einem Deutschen begleitet. Der Mann lag in der Tür auf dem Bauch und hatte es sich gemütlich gemacht. In aller Ruhe lag er da und rauchte genußvoll eine Zigarette. Betont ruhigsprach ich ihn an:

»Machen Sie bitte Ihre Zigarette aus. Es herrscht extreme Feuergefahr.«

Er ignorierte mich vollkommen und tat nun einen extra tiefen Zug aus seiner Zigarette.

Ich blieb noch immer ruhig, mein Tonfall wurde aber schon etwas energischer:

»Ich habe Ihnen gesagt, Sie möchten die Zigarette ausmachen, das Rauchen ist bei dem vielen trockenen Stroh sehr feuergefährlich!«

Er ignorierte mich weiter und tat wieder einen betont tiefen Zug.

Jetzt platzte mir aber der Kragen und ich brüllte ihn an, wie ich nie einen Rekruten angebrüllt hätte:

»Zum Donnerwetter, machen Sie die Zigarette sofort aus!!!«

Jetzt schien ich den richtigen Ton getroffen zu haben, denn ganz erschrocken folgte er umgehend meiner »kategorischen Bitte«.

Für mich war der Fall damit erledigt, ich schrieb meine Wagen weiter auf und ging dann in die Rangieraufsicht und begann, meinen Zug fertigzumachen.

Da betraten plötzlich zwei Transportpolizisten den Raum: »Wo ist der Zugführer, der dem Viehbegleiter die Zigarette aus der Hand geschlagen hat?«, fragten sie.

»Wat?? Aus der Hand jeschlagen??? Ich habe ihn, als er nicht hören wollte, auf altpreußische Art angeschnarcht, daß er wegen Feuersgefahr die Zigarette ausmachen solle!« Ich war mir keiner Schuld bewußt, im Gegenteil, ich war nach wie vor von der Richtigkeit meines Tuns felsenfest überzeugt.

Die Genossen der Transportpolizei nahmen meine Einlassungen zwar zur Kenntnis, teilten mir dann aber mit, ich solle mich bei dem aufsichtführenden sowjetischen Soldaten melden. »Der kann lange warten«, dachte ich. Doch ich hatte die Rechnung ohne den Wirt gemacht. Vermutlich war diesem selber klar geworden, daß ich wohl nicht freiwillig kommen würde um mir den »Kopf waschen zu lassen«, also kam er höchstselbst und suchte mich heim. Kaum eingetreten, fuchtelte er mit seiner Faust von meinem Gesicht herum und brüllte mich schließlich auf deutsch an:

»Du nix Kommunist!«

Der Mann hatte Recht und ich bestätigte ihm dies auch postwendend:

»Nee, aber Zugführer, und in dem Wagen wird nicht geraucht!!«

Er ließ sich nicht beeindrucken und schimpfte und blubberte auf deutsch und russisch weiter. Schließlich ging mir sein Gezeter mächtig auf die Nerven, und in der Hoffnung, damit dem Ganzen ein Ende zu machen, beehrte ich ihn mit den berühmten Worten des Götzen von Berlichingen:

»Ach, leck mich doch ...«

Augenblicklich versiegte sein Redefluß. Offenbar hatten ihn meine, oder vielmehr des Götzen markige Worte gänzlich seiner Fassung beraubt. In erheblich ruhigerem Tonfall konstatierte er schließlich:

»Du nicht gut sprechen!«

Wohl wahr, aber immerhin war ich auch aus gutem Grunde wütend. Ansonsten hätte ich auf dies Entgegnung wohl lauthals gelacht. Das tat ich dann auf dem Rückweg zum Zug, als ich »von meiner Palme wieder herunter war.«

Die Quittung

Wir Deutschen stehen in dem Ruf, dem Heiligen der Schreibstuben, Sankt Bürokratius, in besonderem Maße zu huldigen. Daß aus dieser Heiligenvereehrung zu allen Zeiten immer wieder skurrile Begebenheiten resultierten, ist bekannt. Obwohl die Deutsche Reichsbahn nach dem Krieg, wie überhaupt die sowjetische Besatzungszone sicher nicht der Nabel des Heiligenkultes waren, so genoß doch auch hier dieser Patron besondere Achtung, wie die folgende Geschichte beweist.

Seinerzeit gab es in Pritzwalk zwar Oberschüler, aber keine Oberschule, und deshalb mußten die Oberschüler die Oberschule im benachbarten Wittstock besuchen. Wegen der ungünstigen Zugverbindungen war ihnen erlaubt worden, mittags mit dem Nahgüterzug nach Hause zu fahren. Nun fahren Nahgüterzüge nicht immer exakt nach Fahrplan: jeder Eisenbahnfreund weiß das und steht deshalb bereits eine halbe Stunde vorher am Bahndamm. Von einem Oberschüler kann und darf man derartige Opferbereitschaft nicht verlangen.

Eines schönen Tages war der Nahgüterzug eine halbe Stunde vor Plan abgefahren. Einer der Schüler hatte den Zug deshalb verpaßt. Ich kam mit einem Durchgangsgüterzug von Neustrelitz und hatte in Wittstock sowie in Pritzwalk planmäßigen Halt, um Wagen abzusetzen und aufzunehmen. Die Arbeit war getan, ich mußte nur noch auf einen Gegenzug warten. Da trat dieser eine Schüler an den defekten Bahnhofszaun und fragte mich, ob er nicht mitfahren dürfe.

»Aber gewiß doch, mein Jung'.« sagte ich.

Ich ging über das benachbarte freie Gleis zu der Öffnung im Zaun und geleitete den Schüler zu meinem Bremsturm, den ich als Ersatz für einen fehlenden Packwagen zu meinem »Büro« eingerichtet hatte.

Doch Leider war, o Schüler ach, das Auge des Gesetzes wach... Es nahte ein Transportpolizist, der alles gesehen hatte. Er pflanzte sich auf und verlangte von dem Schüler zwei Mark wegen unerlaubten Überschreitens der Gleise. Der Schüler wehrte sich, ich wehrte mich – ohne Erfolg. Ich erklärte ihm, daß ich Betriebseisenbahner mit bahnpolizeilichen Befugnissen sei und den Schüler über das Gleis geleitet habe. Es war alles vergebens. Auch mein Hinweis, daß ein Schüler noch kein Geld habe, weil er noch keines verdiene, beeindruckte ihn nicht im Geringsten. Ohne Regung forderte er seine zwei Mark.

Nun wurde ich wütend und sagte zu ihm:

»Dann bezahle ich das Geld, aber ich will eine Quittung haben!«

Dieser Wunsch irritierte ihn:

»Du brauchst das Geld doch nicht zu bezahlen.«

Jetzt war ich es, der stur blieb:

»Doch, ich bezahle und ich will eine Quittung haben!«

Ich nahm den Personalausweis des Jungen mit und ging mit dem Gesetzeshüter zum nahen Bahnhofsgebäude. Dort lag ich ihm dann dauernd mit der Quittung in den Ohren, außerdem ließ ich keine Gelegenheit aus, ihn auf die bevorstehende Abfahrt des Zuges »hinzuweisen« – er wurde sichtlich nervös, doch ich gönnte es ihm, schließlich ärgerte mich sein Übereifer sehr.

Schließlich legte ich einen Zweimarkschein auf den Tisch. Er schrieb die Quittung aus. Dann nahm er die Quittung und den Schein, legte beides zusammen und – legte sie in den Personalausweis des Jungen. Diesen gab er mir ordnungsgemäß zurück.

Als ich zurückging, schmunzelte ich innerlich über diesen »Fehler vom Amt«; als ich die Geschichte dann dem Jungen erzählte, gab es kein Halten mehr: aus vollem Halse lachten wir über diesen »Geniestreich« des Transportpolizisten. Da er den Erhalt des Geldes quittiert hatte, durfte er den Obulus nun aus eigener Tasche begleichen.

Es wird ihn nicht zum Bettler gemacht haben, aber sicher hat er sich darüber tüchtig geärgert!

Lokomotivführer Schäfer

Wieder einmal fuhr ich im Durchgangsgüterzug von Wittenberge nach Schwerin. Mit dem diensthabenden Lokführer Schäfer war ich noch nie gefahren, auch hatte ich noch nie etwas von ihm gehört. Damals mußten wir Zugführer noch einen Fahrtbericht führen und jede Verspätungsminute begründen. Wenn ein Lokführer Fahrzeit zugesetzt hatte, bemühten wir unsere stets rege Phantasie, um seine Verspätung zu begründen. Aber alles im Leben hat seine Grenzen, und auf dieser besagten Fahrt ließ mich meine Erfindungsgabe im Stich, weil der Lokführer so entsetzlich schlecht gefahren war.

Auf der damals noch eingleisigen Strecke Ludwigslust – Schwerin gab es eine einwandfreie Signalisierung, in der Nacht ebenfalls. Alle Laternen brannten wunderbar, es war eine Lust, die grünen Lichter hintereinander wie Perlenschnüre aufgereiht zu sehen. Nachts war immer das beste Durchkommen, weil es kaum entgegenkommende Reisezüge gab.

An diesem Tag ging es ohne Halt von Ludwigslust bis Schwerin durch. Die Vorsignale, Einfahrsignale, Ausfahrvorsignale und Ausfahrsignale aller Bahnhöfe strahlten in der dunklen, aber klaren Nacht ihr schönes Grün aus.

Wir hätten auf der flachen Strecke munter dahindampfen können, wenn...Ja, wenn ich nicht mit Lokführer Schäfer unterwegs gewesen wäre. Lokführer Schäfer hatte die – übertriebene – Vorsicht zum Prinzip erhoben und schloß deshalb am Vorsignal den Regler, ließ den Zug ganz langsam durch den Bahnhof bis zum Ausfahrsignal trudeln und erst dann öffnete er den

Regler wieder. Daß uns diese Fahrweise unglaublich Zeit kostete, liegt auf der Hand. Dennoch: Wir waren Kollegen und Kollegen halten zusammen. Also übte ich mich während der der Fahrt in Münchhausen'schen Tugenden und ersann schließlich Ausreden, daß sich die Balken bogen, so daß letzten Endes alles im Sande verlief.

Eines Tages nun zog ich das »große Los«. Ich »durfte« mit ihm auf eine lange Reise gehen. Mittlerweile wußte ich, daß sein »bedächtiger Fahrstil« nicht aus der Vorsicht heraus geboren war, sondern daß er einfach Angst hatte, schnell zu fahren.

Zunächst brachten wir einen Güterzug nach Neustadt an der Dosse. Dort übernahmen wir einen Kohlezug mit 1200 Tonnen nach Rostock, den wir bis Güstrow fahren sollten. Die Strecke hat unterwegs viele Steigungs- und Gefällstrecken mit einer Neigung bis 1:100. Für einen 1200-Tonnen-Zug ist das schon ganz ordentlich. Als Zuglok hatte man uns eine preuß G 10, Reichsbahn-Baureihe 57, gegeben. Der Fünfkuppler war eine kräftige, zuverlässige Maschine, aber mit dieser Last war sie meiner Meinung nach auf dieser Strecke stark überfordert.

Nun, es half nichts, eine andere Lok oder gar Vorspann war nicht zu bekommen, also war der »Meister« gefordert: Durch kluges Fahren des Lokführers war vielleicht die fehlende Zugkraft auszugleichen.

Das schlimmste Stück der Strecke liegt zwischen Karow und Krakow am See. Es ist 14 Kilometer lang, ohne eine Betriebsstelle dazwischen und es geht immer auf und ab in Steigungen bis 1:100. Es geht immer etwa

800 Meter bergauf und danach wieder 800 Meter bergab. Außerdem ist die Strecke sehr kurvenreich.

Mittlerweile war es dunkel geworden. Von meinem Bremsturm aus konnte ich daher sehen, daß die Bremsen des Zuges nur so Funken stoben. Wir waren auf Talfahrt und Lokführer Schäfer bremste aus Angst, dabei brauchte er den Schwung bei der Bergfahrt, um den so schweren Zug wieder nach oben zu bringen. Von meiner Warte aus konnte ich ihm nicht helfen, ich sah das Unheil kommen, aber eingreifen konnte ich nicht. Schäfer bekam die Bremsen nicht rechtzeitig los und der Zug blieb in der nächsten Steigung hängen.

Jetzt war guter Rat teuer: Immer wieder versuchte er, den Zug in Gang zu bringen, aber es gelang ihm nicht. Im Gegenteil: in dem Moment, in dem er nach einem vergeblichen Anfahrversuch Regler erst einmal wieder zumachte, rollte der Zug zurück und wurde obendrein dann immer schneller. Da half nur erneutes Bremsen: mit Macht griffen die Bremsklötze, Schäfer hatte offenbar das Bremsventil etwas kräftig betätigt. Das heftige Bremsmanöver quittierte nun die Zugstange eines Waggons im Zugverband dergestalt, daß sie einfach riß. Leider blieb dies dem Lokführer verborgen, er keuchte mit dem vorderen Zugteil noch etwa 50 Meter wieder bergan, ehe ich ihn zu Fuß erreicht hatte. Ich sagte ihm, daß der Zug gerissen sei, und wir ihn nun eben in zwei Teilen nach Krakow fahren müßten; zuvor allerdings wolle ich noch die gerissenen Schläuche schließen. Das tat ich dann auch – ich ging zu den Wagen, an denen der Zug getrennt worden war, und schloß den Lufthahn des nunmehr letzten Wagens. Plötzlich knallte es: Der Zug war vorher, nachdem durch die Zugtrennung auch die Bremsleitung gerissen war, zum Stehen gekommen, die Lok hatte den vorderen Zugteil zwar noch einige Meter vorwärts ziehen können, dann allerdings hatten die Bremsen gegriffen und der Zug stand festgebremst in der ansteigenden Strecke. Nun hatte ich den Hahn zugemacht, der Lokführer hatte das Führerbremsventil auf »Füllen«, die Pumpe füllte also die Leitung und die Bremsklötze lösten sich. Der Lokführer merkte es nicht. Der Zug setzte sich in Bewegung, allerdings, der Schwerkraft folgend, rückwärts. Er wurde schneller und prallte schließlich auf den stehengebliebenen Teil auf.

Ausgerechnet an der Rißstelle liefen zwei Beutewagen aus dem Krieg, die anstelle der in Deutschland mittlerweile üblichen Hülsenpuffer noch die leichten Stangenpuffer hatten. Durch den Aufprall wurden diese total verbogen. An einem Ende standen sie 45 Grad nach oben, am anderen Ende 45 Grad nach unten.

Ich neige von Hause aus durchaus zu manch »heftiger Reaktion«, doch über diesen Lokführer konnte ich nun nur den Kopf schütteln. Ich blieb ganz ruhig nach dem Motto: »Gegen Dummheit kämpfen die Götter selbst vergebens«.

In Krakow setzten wir einen der beiden Wagen aus, der andere kam an den Zugschluß, so daß die verbogenen Puffer zumindest einstweilen nicht ins Gewicht fielen. Zwar sollte in Güstrow eine Schiebelok bis Rostock an den Zug gekuppelt werden, und das dürfte sicherlich Probleme machen – aber ich stellte mich ganz dreist auf den Standpunkt, das sei ja nicht mehr meine Sache.

In Güstrow war eigentlich Dienstende. Nun waren wir ja lange genug unterwegs und wollten ohne Dienst über Schwerin nach Hause. Aber gutmütig, wie wir nun einmal waren, ließen wir uns wieder einmal bequatschen. Wir, nämlich der Schaffner und ich, sollten uns ruhig eine Stunde lang legen, dann würden wir einen Zug nach Wittenberge bekommen, den würde man uns fix und fertig übergeben. Wir brauchten dann bloß noch aufzusteigen und abzufahren.

Wir nahmen dieses Angebot an, denn bis zum nächsten Reisezug nach Wittenberge war es noch lange hin.

Erst unterwegs sah ich mir die Frachtbriefe an. Zu meiner »grenzenlosen Freude« stellte ich fest, daß der ganze Zug nur Frachten nach Wustermark hatte. Wir waren also wieder einmal »angeschmiert« worden. Wustermark, das hieß für uns, daß wir bis Neustadt/Dosse zu fahren hatten.

Aus Schaden wird man klug und so sorgte ich an starken Steigungen dafür, daß uns mit diesem Lokführer nicht wieder eine derartige Panne passierte: ich lief vor dem Zug her und streute mit bloßen Händen zusätzlich Sand auf die Schienenköpfe. So kamen wir unbeschadet nach Neustadt.

Dort trieb ich den Schaffner zur Eile an. Der Personenzug nach Wittenberge war bald fällig. Doch wieder war das Schicksal gegen uns: Man rief uns ein »Halt« zu und appellierte an unsere Einsicht, und wir waren dann auch nicht so, denn auf eine Stunde mehr oder weniger kam es nun auch nicht an.

Am Ende dauerte die gesamte Unternehmung 32 Stunden – es war meine letzte Fahrt mit Lokführer Schäfer, aber meine Trauer darüber hielt sich in Grenzen.

»Halt, halt, die Schienen hören auf!«

Wir fuhren einen Transportzug der Roten Armee nach Rechlin. In Mirow mußten wir Kopf machen, es ging zurück bis zum Block Starsow. Dort bogen wir dann in die Rechliner Strecke ein.

Die Strecke wurde seinerzeit nur gelegentlich von solchen Transporten befahren, anderer Verkehr war hier noch nicht wieder. Dies hatte zur Folge, daß die Natur weitgehend ungestört von der Strecke Besitz ergriffen hatte und das Gleis unter dem meterhohen Unkraut mitunter nur noch zu erahnen war.

Ich begleitete die Fuhre auf dem Führerstand der Lokomotive. Zunächst ging alles ganz gut, aber als wir dann mit Schwung in die naturbelassene Unkrauttrasse einfuhren, wurde es unserem Heizer etwas mulmig zumute und er schrie entsetzt:

»Halt, die Schienen hören auf, halt, halt!«

Der Lokführer riß pflichtbewußt sofort den Regler auf Halt und führte die Schnellbremsung aus. Doch gleich darauf besann er sich und meinte:

»Quatsch, dann hätte man uns doch nicht hier reingelassen.«

Er öffnete den Regler wieder und siehe da, unter dem Bewuchs mußten noch Schienen liegen, denn die Lok bahnte sich ihren Weg.

Zuerst war uns der Schreck ganz schön in die Glieder gefahren. Aber schließlich gewannen wir der Angelegenheit eine durchaus komische Seite ab und lachten herzlich darüber – auf Kosten des Heizers...

Reparationsgut
Sammelbahnhof Pasewalk

Man könnte den Eindruck haben, es habe auf jeder Fahrt irgendein tolles Ereignis gegeben, aber dem war natürlich nicht so. Doch hin und wieder erlebte man auch ganz besonder »dicke Hunde«.

Mit einem kurzen Durchgangsgüterzug machte ich mich auf den Weg nach Neustrelitz. In Perleberg sollte der Zug verstärkt werden. Bei dem Zug handelte es sich um eine größere Wagengruppe mit dem Vermerk »Reparationsgut Sammelbahnhof Pasewalk«. Der Nahgüterzug hatte die Fahrzeuge vorgefahren. Als der Rangierleiter die Wagengruppe ansetzte, bemerkte ich einen dreiachsigen Plattformwagen ohne Bordwände, auf dem ein seltsames Maschinenteil aufgeladen worden war. Von der Seite sah es aus wie ein großes »L«, das um 90 Grad nach rechts gekippt war und nun auf der Spitze des kurzen Endes ruhte. Der frei in der Luft schwebende lange Teil des »L« war mit dicken Kanthölzern abgestützt und sicher vernagelt. Ich muß hier das »war« betonen, denn die Vernagelung der Kanthölzer miteinander war größtenteils auseinander geraten, sodaß die Maschine (oder was immer es sonst war) keinesfalls mehr betriebssicher verladen war. Die Kanthölzer ächzten und knarrten schon bei der langsamen Fahrt an den Zug heran. Wie sollte es erst werden, wenn wir in voller Fahrt waren?

Der Rangierleiter war mit mir einer Meinung, den Wagen wieder auszusetzen. Die beiden den Transport begleitenden Transportpolizisten allerdings sahen dies ganz anders: Sie bestanden darauf, den Transport nicht auseinanderzureißen. Außerdem sei dieser Wagen schon dreimal heißgelaufen. Nun, das unterstützte mich in meiner Ansicht: Ich ließ den Wagen aussetzen. Aber jetzt ging das »Theater« aber erst richtig los. Die Aufsicht beanstandete, daß der vorherige Zugführer den Wagen ohne Beanstandung gebracht hätte, ich ihn jedoch nun nicht mitnehmen wollte.

Ich sagte:

»Was der andere Zugführer getan hat, interessiert mich nicht. Der Wagen geht raus. Er ist nicht betriebssicher verladen!«

Die Aufsicht rief jetzt die Zugleitung an, während mir der Kollege M. erklärte:

»Kollege Grunow, bedenken Sie einmal, was Sie uns für Schwierigkeiten machen, wenn Sie den Wagen nicht mitnehmen.«

Ich hielt dagegen:

»Und wer räumt mir die Schwierigkeiten beiseite, wenn damit etwas passiert? Ich bin der Zugführer und muß wissen, was ich zu tun und zu lassen habe. Die Strecke geht in langen Steigungen und Gefällstrecken 1:100 auf und ab. Das ist Reparationsgut. Da bekomme ich es mit der Besatzungsmacht zu tun, wenn dabei etwas schief geht. Der Wagen geht raus und wenn die Transportpolizisten den Transport nicht auseinanderreißen lassen dürfen, dann bleibt der ganze Transport hier.«

»Wieviel Mann von der Transportpolizei sind denn dabei?« fragte Kollege Meincke.

»Zwei Mann!«

»Geben Sie mir mal einen an den Apparat!«

Nun »bequatschte« Meincke den Transportpolizisten, daß der Transport in Wittstock wieder ausgesetzt würde, man brauche hier Platz auf dem Bahnhof. Dort solle der Zug dann auf den regulierten Wagen warten. So ging das endlich in Ordnung.

Inzwischen war es 6 Uhr geworden. Der Fahrdienstleiter und der Stellwerksmeister von der Nachtschicht gingen nach Hause, ich kurz hinter ihnen. Sie unterhielten sich:

»Und ich hätte den Zugführer gezwungen, daß er den Wagen mitnimmt!«

»Hä, hä!« meckerte ich hinter ihnen, »und ich hätte mich nicht zwingen lassen, höchstens, wenn mir ein Wagenmeister schriftlich gegeben hätte, daß der Wagen betriebssicher verladen ist.«

Das hätte allerdings auch wieder Schwierigkeiten gegeben, denn Perleberg hatte keine Wagenmeister. In Wittstock rief ich die Zugleitung an, ob der Transport nun ausgesetzt würde.

»Quatsch, der geht bis Neustrelitz!«, hieß es.

Die Transportpolizisten guckten also in die Röhre.

Der Fall war tatsächlich so schwerwiegend, daß der Wagen mit der Rangierlok in einer Einzelüberführung nach Wittenberge ins RAW gebracht werden mußte, um ihn dort zu regulieren. Nach unserer Rückkehr sagte der Schaffner zum Fahrmeister:

»Das ist der erste Zugführer, der nicht vor der Zugleitung umgefallen ist.«

Im Dienste der Sowjetunion

Bei den Transitbrigaden

Von 1950 bis zum Herbst 1952 war ich als Zugführer bei den Transitbrigaden eingesetzt, die mit deutschen Loks (BR 50 und 52) von der DDR bis zu den Grenzbahnhöfen der Sowjetunion fuhren.

Die am meisten befahrenen Strecken waren:
- Frankfurt – Brest über Terespol oder Czeremcha, bzw. sehr selten, später überhaupt nicht mehr, nach Brestowice, letztere aber nur mit Brikettzügen,
- Kietz – Gerdauen (ehemals Ostpreußen),
- Kietz – Preußisch Eylau (ehemals Ostpreußen), diese allerdings seltener.

Von Cottbus aus fuhren ebenfalls »Lokkolonnen«, wie die Brigaden auch genannt wurden. Sie kamen fast ausschließlich auf der Südstrecke Guben – Jagodzin zum Einsatz. Wir fuhren während meiner gesamten Kolonnenzeit nur zweimal nach Jagodzin.

Da ich 1948 bereits einmal als Zugschaffner vier Monate bei der Lokkolonne Wustermark tätig gewesen war, wußte ich über den Dienst bei den Transitbrigaden bereits einigermaßen Bescheid.

Zu einer Brigade gehörten elf Mann, nämlich drei Lokführer, drei Heizer, zwei Zugführer und zwei Schaffner, dazu kam noch ein Wagenmeister.

Die Lokpersonale lösten sich alle sechs Stunden ab, die Zugpersonale machten regelmäßige Achtstunden-Wechsel, so daß unterwegs gleichmäßig zwölf Stunden Dienst geleistet wurden. Zwar leisteten wir damit vier Überstunden pro Tag, aber die waren einwandfrei zu verkraften, da sich vom Abgangs- bis zum Zielbahnhof die Züge nicht änderten und man sein Mittagessen auch während des Dienstes kochen konnte. Warteten wir in der Sowjetunion auf Abruf, so wurde die Zeit voll bezahlt, da wir ja nie weggehen konnten und offiziell auch nicht durften. Wenn wir von einer Fahrt in die DDR zurückkamen, wurden wir oft noch ausgiebig in der Heimat »umhergeschickt«, ehe man das Glück hatte, wieder im »Heimathafen« anzukommen. Mitunter gelang es auch einem »wendigen« Brigadelokführer, sich durchzusetzen, und wir durften dann auch wieder einmal nach Hause fahren. In solchen Fällen faßten wir dann die Sonntage zusammen und fuhren vier bis fünf Tage nach Hause. Für eine Entfernung von der Heimat von über 150 Kilometern erhielten wir noch einen Reisetag dazu.

Damals kamen wir weit herum: nach der Streckenkenntnis wurde nicht gefragt, weder von den Zugleitungen oder den Lokpersonalen.

Es hatte sich eben eingebürgert, daß die Lokbrigaden überall hinfuhren. Trotzdem wurde von den Angehörigen der Brigaden nie ein Unfall aufgrund dieser Unkenntnis verursacht.

Die einzelnen Lokkolonnen waren in Berlin, Wustermark, Frankfurt, Cottbus und Pasewalk beheimatet. Später beschränkte man die Stationierung der Kolonnen auf die Bahnbetriebswerke Frankfurt und Cottbus. Die Pasewalker Lokkolonnen pendelten nur zwischen

Pasewalk und Stettin. Die Cottbuser befuhren die »Südstrecke« von Guben bis Jagodzin, in seltenen Fällen fuhren hier auch einmal Frankfurter Kolonnen.

Unsere Verpflegung damals war wohl ausreichend, aber sehr einseitig. Das Fleisch war Pökelfleisch. Kühlschränke gab es noch nicht, doch hätten wir sie wegen der Elektrik der Lichtmaschine auf der Lok ohnehin nicht benutzen können.

Zwar fuhren die Brigaden durch Polen und kamen bis in die Sowjetunion, aber dortiges Geld erhielten wir bis zu unserem Weggang im Herbst 1952 nicht. Wollten wir uns also etwas kaufen, so mußten wir uns Geld »besorgen«. Vor allem polnisches Geld war bei uns begehrt, wir beschafften es durch den Verkauf von Waren, die wir schmuggelten. Die Waren wie Speck, Eier und Wurst wiederum wurden uns häufig sogar an die Wagen gebracht.

In den größeren Orten, hatten wir Bewegungsfreiheit genug, einkaufen zu gehen, während unsere Loks restauriert wurden. Wir erstanden in Polen vor allem Kämme, Füllfederhalter, Chiffontücher, Sonnenbrillen, Taschen- und Armbanduhren und einiges andere mehr. Wenn die polnischen Zöllner bei der Kontrolle etwas fanden, beschlagnahmten sie die Gegenstände, bestraft wurden wir nicht. Daher beschränkte sich für uns das Risiko darauf, im schlimmsten Fall die eben erworbenen Dinge wieder zu verlieren. Für uns hieß das, dem polnischen Zoll möglichst immer eine Nasenlänge voraus zu sein.

Natürlich bahnten sich da auch Geschäftsmöglichkeiten an, die über das nötige Verpflegungsmaß hinausgingen, so daß die Brigadeangehörigen immer eine »dicke Marie«, also ein wohlgefülltes Portemonnaie, hatten. In den Frankfurter Gaststätten wurden uns daher bevorzugt Plätze freigemacht, da wir ja nicht unerheblich den Umsatz steigerten.

Es herrschte ein reger Warenaustausch, wobei bestimmte Artikel besonders gefragt waren. Dazu zählten beispielsweise Bücher, egal, ob es sich um Schnulzen, Krimis, sehr gute Literatur oder Wissenschaftliches handelte. Die »Zentren« dieses Literaturumschlages waren in Brest und in Frankfurt. In der ersten Zeit wurden vom sowjetischen Zoll sämtliche Bücher versiegelt, auch Bücher von Karl Marx oder Friedrich Engels machten keine Ausnahme. Später achteten die Zöllnerinnen und Zöllner auf das Erscheinungsdatum. Eine sowjetische Zöllnerin zeigte sich einmal ganz begeistert, als sie ein Buch über den amerikanischen Polarfahrer Kane mit dem Erscheinungsjahr 1851 in den Händen hatte.

Auch die Kartoffeln mußten versiegelt werden, vermutlich aus Angst vor dem Einschleppen von Kartoffelkrankheiten.

Für derartige Transporte stellten wir einen Schrank zur Verfügung, dem die zweite Öse für das Vorhängeschloß fehlte. Es dauerte Monate, ehe die Unvollkommenheit dieses »Zollverschlusses« bemerkt wurde.

Für die Versiegelung verlangten die sowjetischen Zöllner von uns immer den Plombendraht. Wir gaben ihnen Blumendraht, der ja ganz glatt war. Nach dem Verplomben nahmen wir eine kleine Zange. Die zusammengedrückte und geprägte Plombe wurde damit wieder ein ganz kleines bißchen gelockert, so daß sie leicht abzuziehen war – und schon kamen wir wieder an unsere Bücher und unsere Kartoffeln. Doch damit nicht genug: da der Schrank ja rein äußerlich »amtlich versiegelt« war, wurde sein Inhalt nicht kontrolliert und so deponierten wir in ihm sämtliche eingetauschten Zigaretten. Die sogenannte »Fallschirmzigarette« wurde sehr gern in Frankfurt geraucht. Sie war wesentlich stärker als die DDR-Zigaretten. Eines Tages muß es wohl aufgefallen sein, daß in Frankfurt der Verbrauch an DDR-Zigaretten stark zurückgegangen war. Von da an »mauserten« sich die DDR-Zöllner immer mehr. Ihre Erfolge verbesserten sich. Dennoch galt weiterhin die Faustregel, daß das, was der polnische Zoll nicht fand, von den deutschen Zöllnern erst recht nicht aufgespürt wurde.

So wurde das Schmuggeln von Waren hinüber wie herüber für uns bald zum alltäglichen Gewerbe und wir entwickelten eine erstaunliche Phantasie in der Entwicklung immer neuer Verstecke. Ebenso entwickelten sich mit der Zeit feste »Geschäftsbeziehungen« und Praktiken, wie die Ware an die jeweiligen Adressaten gelangte. Beispielsweise erstanden wir in Polen größere Mengen an Zucker und Mehl. Diese wurden dann in Brest wieder gegen eben diese sowjetischen Zigaretten getauscht. Zwar gab es in Brest Mehl und Zucker auch legal, aber über den Schmuggel bekamen die »Händler« (pfiffige Jungs im Alter von 14 bis 15 Jahren) die Ware weit billiger und konnten sie dann, zu den ortsüblichen Preisen mit Gewinn verkauften. Die sowjetischen Grenzer wußten dies natürlich auch und paßten auf die Jungs besonders auf – aber meist siegte deren Frechheit.

Wenn wir über Czeremcha in die Sowjetunion hineinfuhren, war die Kontrolle schon in Wysoki Litowski. Danach ging es noch 50 Kilometer auf russischem Territorium bis Brest. Wir liefen auf einem kleineren Bahnhof ein, den wir »Flugplatz« nannten, weil es dort einen Wirtschaftsflugplatz gab. Noch weit vor der Einfahrt wurde abgebremst, damit die »Händler« aufspringen konnten. Kurz vor der Einfahrt sprangen sie wieder ab. Die Geschäfte waren dann schon abgewickelt worden. Einmal kam einer der Jungen beim Absprung zu Fall. Er tat sich nichts, aber er wurde dicht eingehüllt in eine tolle Mehlwolke. Nun, es gab eben keinen Erfolg ohne Risiko.

Als ich am 1. Januar 1950 meinen Dienst als Zugführer bei den Transitbrigaden antrat, lagen wir zunächst in Berlin-Pankow und fuhren mit einer Lok der Baureihe 50. Wenig später wurden wir im Zuge der Zusammenlegung der Lokkolonnen nach Berlin-Lichtenberg verlegt.

Unsere Wohnwagen standen an dem Ort, wo später der Regierungszug abgestellt wurde. Dort übernahmen wir eine Lok, die längere Zeit gestanden hatte. Von ihren vorherigen »Inhabern« erfuhren wir unter dem Siegel der Verschwiegenheit, daß diese Lok ein ganz tolles Versteck für Schmuggelware besaß.

Es war eine Lok der Baureihe 52. Sie war mit Stellkeilen ausgerüstet, die der Lok einen sehr ruhigen Lauf gaben. Loks der BR 52 ohne Stellkeile verliehen den Wagen direkt hinter der Lok ein furchtbares Hin- und Herschütteln, an das man sich erst gewöhnen mußte. Unsere Maschine hatte anstelle des üblichen Wannentenders einen Kastentender wie die Baureihe 50 erhalten. In diesem Tender befand sich das Versteck. Auf dem Umlauf auf der linken Seite hatte ein Arbeiter des RAW Stendal wirkliche deutsche Qualitätsarbeit geleistet. Etwa fünf Zentimeter über dem Boden des Umlaufs zwischen der zweiten und dritten Rippe war von hinten ein Rechteck eingeschweißt worden, das groß genug war, um noch eine Stange Zigaretten in der Längsrichtung durchschieben zu können. Dieses Rechteck wurde von zwei Gewindeschrauben mit glattem Kopf gehalten. Von innen waren zwei Leisten angeschweißt worden, in die die Schrauben eingeschraubt wurden.

Wie hatte der Mann das fertig gebracht?

An der Rückseite der inneren Tenderwand befand sich ein offenes Oval, das zugeschraubt werden konnte. Der Arbeiter hatte nun davor noch ein Oval eingeschweißt, um im Inneren werken zu können. Nach Fertigstellung des Verstecks wurde das innere Oval wieder mit dem Blech und einer einwandfreien Schweißnaht verschlossen.

War nun die Schmuggelware eingeladen worden, wurden die Fugen und die Schlitze der Schrauben mit Fensterkitt abgedichtet und die Stelle samt ihrer Umgebung mit Lederfett eingeschmiert und danach mit trockenem Braunkohlenruß beworfen. Der Hersteller hatte für seine Arbeit von der damaligen Brigade eine große dicke Speckseite bekommen, was zu jener Zeit noch eine ganz große Kostbarkeit war. Aber er hatte sich diese Belohnung redlich verdient.

Wollten wir nun das Versteck öffnen, mußten wir erst mit dem Schraubenzieher die Schlitze der Schrauben ertasten. Das Ein- und Auslagern der Conterbande wurde auf Strecken mit weit auseinander liegenden Betriebsstellen vorgenommen. Jeder verpackte seine »Ware« und versah sie mit seiner Nummer in der Personalliste. Konnte das Ein- oder Auslagern nicht unterwegs vorgenommen werden, da keine DDR-Fahrt mehr folgte, geschah es bei Dunkelheit im Bahnbetriebswerk, wenn die Lok dort zur Behandlung war.

Während der Fahrt geschah das Einlagern auf folgende Art und Weise. Theo, unser Wagenmeister – später wird noch mehr von ihm zu berichten sein – packte die Sachen in einen Eimer. Ich, als der sportlich gewandteste, transportierte die Eimerladungen Stück für Stück über die Hülsenpuffer zum Tender, wo sie der Schaffner Napiralla sehr geschickt verstaute. Hatte er Dienst, mußte Karl Thieme – auch von ihm später noch näheres – nach hinten auf den Bremsturm. Die »Ware« lag nun quer über diesem geräumigen Platz. Das Entladen verlief dann in umgekehrter Reihenfolge. Kam Napiralla nicht mehr an die Päckchen heran, arbeitete er weiter mit einem Feuerhaken. Reichte dieser nicht mehr aus, kam ein an einem Besenstiel fest angebundener Federhaken dazu.

Zwar fuhr von Frankfurt bis Brest (ausschließlich) ein »Pilot«, wie die Lotsen in Polen genannt wurden, auf der Lok mit, die an den größeren Bahnhöfen wechselten – da dieser Lotse aber immer rechts hinter dem Lokführer stand, konnte links ohne Gefahr, entdeckt zu werden, »gearbeitet« werden.

Neben diesen »Alltäglichkeiten« erlebten wir natürlich auch im Kolonnendienst immer wieder Besonderheiten. Manche Erlebnisse waren lustig, andere weniger und mitunter bewegten wir uns auch in gefährlichen Regionen. Einige dieser Episoden möchte ich auf den folgenden Seiten erzählen.

Rennfahrer-Allüren

Eines Tages sollten wir auf dem Güterbahnhof Frankfurt in Gleis 115 einen Leerzug nach Guben übernehmen. Wir fuhren mit der Lok und unserem Wohnwagen vor. Mein Schaffner Karl Thieme war betrieblich gesehen eine ganz tolle »Flasche«, er hatte seine unbestreitbaren Fähigkeiten ganz der Schmuggelei gewidmet und war in diesem Bereich ein echter Könner. Daher übernahm der Sicherheit wegen lieber ich die Rangierarbeiten, die gelegentlich anfielen. Das tat ich auch in diesem Fall. Ich übernahm die Rolle des Rangierschaffners und gab nach der Zustimmung der Stellwerksmeister dem Lokführer das Signal »Kommen«. Der diensthabende Lokführer Willi Griese, gleichzeitig Brigadelokführer war ein ganz »verrücktes Huhn«. Wahrscheinlich war er nur zufällig bei der Eisenbahn gelandet und hätte eigentlich Rennfahrer werden wollen, jedenfalls ließ sein Fahrstil darauf schließen. Er fuhr nach Erhalt des Rangiersignals nicht etwa langsam und bedächtig an, wie sich das gehörte – nein, er riß erst einmal den Regler weit auf, so daß im Wohnwagen sicher alles von den Tischen flog.

Ich war, nachdem ich ihm das Signal gegeben hatte, auf den Tritt des Wohnwagens gestiegen und hielt mich am Haltegriff fest. Zu meinem Glück, denn die sagenhafte Beschleunigung zog mir buchstäblich den Boden unter den Füßen weg. Ich hing nun mit den Beinen in der Luft und mit den Armen am Haltegriff des Wagens, als ob ich einen Klimmzug machen wollte. Dummerweise mußte unsere Fuhre eine Straßenbrücke überqueren und an deren großen Doppel-T-Trägern befanden sich irgendwelche eisernen Ansätze, die in unser durch meinen »Überhang« erweitertes Lichtraumprofil ragten. Ich knallte mit beiden Oberschenkeln an das Hindernis. Ich schrie aus Leibeskräften:

»Halt, halt, halt!!!«

Doch dann waren wir auch schon über die kurze Brücke hinweg. Der Zug hielt und ich ließ los. Noch ganz erschrocken humpelte ich auf den Wohnwagen zu, immerhin konnte ich laufen. Schaffner Thieme hatte das Ganze gesehen und trat nun aus der Tür auf die Plattform. Mit seiner weinerlichen Stimme kommentierte er mein Malheur:

»Hätten beide Beine los sein können.«

Er hätte seine Weisheit besser für sich behalten sollen, denn meine Wut richtete sich nun gegen ihn und nicht, wie es eigentlich angemessen gewesen wäre, gegen den rasenden Thieme. Ich schrie den schuldlosen Thieme an:

»Du Idiot, ich hab' sie ja noch!!!«

Es war 14 Uhr. Da mein Kollege Leo Franz jetzt den Dienst antrat, legte ich mich auf mein Bett. Nach einiger Zeit mußte ich mal austreten. Mit dem rechten Bein konnte ich nun überhaupt nicht mehr auftreten. Mit dem linken, das nicht ganz so heftige Schläge bekommen hatte, ging es so einigermaßen. So hüpfte ich auf einem Bein und auf einen Schemel gestützt zur Toilette. Der Zug rollte unterdessen ohne Aufenthalt nach Guben.

Ich beschloß, mich auf dem Rückweg in Frankfurt krank zu melden. In Fürstenberg/Oder, jetzt Eisenhüttenstadt, wurden wir angehalten und mußten mit einem Eisenbahndrehkran als dringlicher Hilfszug nach Borgsdorf bei Oranienburg. Dort war ein Eilzug in die S-Bahn gefahren.

Ich konnte jetzt nicht mehr hinaus. So bat ich Leo, noch eine Schicht zu machen, die ich ihm dann wiedergab. Mit der Zeit konnte ich wieder einigermaßen laufen, aber an Auf- oder Abspringen war über vier Wochen lang nicht zu denken. Dabei war die Fähigkeit des Auf- und Abspringens eines unserer wichtigsten Güter: Besonders gern sprangen wir in Sochaczew (Polen) ab, wenn wir aus Richtung Warschau kamen. Das dortige Bahnhofsgebäude lag am Ostende. Auf den größeren Bahnhöfen mußten wir immer unsere Angaben machen. Um nun nicht die ganze Bahnhofslänge zurücklaufen zu müssen, sprangen wir bei der Einfahrt in Höhe des Bahnhofsgebäudes ab. Die übliche Fahrstraße verlief in die nach links abzweigenden Gleise. Zwar baten wir immer die Lokpersonale, langsam einzufahren, aber diese scherten sich häufig nicht darum und »jagten« wie verrückt in den Bahnhof hinein.

Leichtsinnig, aber auf unsere Wendigkeit und Geschicklichkeit vertrauend, sprangen wir ab. Wir stellten uns aufrecht auf das unterste Trittbrett. Wenn der Moment des Absprungs gekommen war, ließen wir den Haltegriff los und katapultierten uns gleichzeitig mit dem linken Bein stark zurück, wobei wir den Körper ganz weit nach hinten lehnten.

Durch dieses Manöver verloren wir schon während des Fluges an Geschwindigkeit und landeten laufbereit im Schotter, der überdies immer etwas nachgab und somit bremste. Nun setzten wir, so schnell wir konnten, die Füße voreinander und kamen dann recht schnell zum Stehen.

Glücklicherweise ist uns nie etwas passiert - nicht immer kommen bodenlos Leichtsinnige wie wir so ungestraft davon.

Die erste Fahrt nach Jagodzin (»Südstrecke«)

Im Frühjahr 1950 wurden, unterwegs nach Brest, in Warschau angehalten und nach Jagodzin umdirigiert. Für die Leistungen der Loks und ihres Personals brauchte die Verwaltung genaue Kilometerangaben. Dummerweise besaßen wir diese aber nur für unsere »Stammstrecken«, für die Umleitung fehlten uns die Zahlen. Wieder einmal war Improvisation gefragt und ich bemühte die diversen Aushangfahrpläne in einer Bahnhofsvorhalle. Damit konnte ich unter Zuhilfenahme Adam Rieses die Kilometer zusammenrechnen.

In Jagodzin standen etliche Brigaden aus Cottbus auf Abruf. Die Cottbuser Lokpersonale hatten das Feuer ihrer Loks ausgehen lassen, da sie noch etliche Tage auf einen Zug zu warten hatten. Für das Wiederanheizen lagen auf den Tendern immer große Holzscheite. Wer als nächstes an die Reihe kam, heizte damit seine Lok hoch. Nun hätten wir uns natürlich »hinten anstellen« müssen, doch das wollten wir nicht, denn wir wollten an Ostern zu Hause sein. Immerhin hatten wir nach Abschluß der Tour wieder einmal Heimaturlaub. Was tun?

Hier mußte ein Griff in die Trickkiste herhalten. Theo meldete sich krank und verlangte nach ärztlicher Betreuung. Aus dem nächsten Dorf kam schließlich auch eine Ärztin, die Theo untersuchte. Dann gab sie ihm ein paar Tabletten und verschwand wieder. Wir waren damit natürlich nicht einverstanden, also forderten wir sie noch einmal an. Dieses Mal präparierten wir das Fieberthermometer auf 39,5 Grad – und siehe da, sie ließ sich davon täuschen. Kraft ihres Amtes wies sie den

Bahnhof an, uns den nächsten Zug in die Heimat zu geben. Und so dampften wir schon am nächsten Tag wieder von dannen, wobei allerdings die Ausfahrt aus Jagodzin durchaus Ähnlichkeit mit einem Spießrutenlauf hatte.

Auf dem Führerstand nämlich leistete unser »Spaßmacher« Heizerdienst. Es war ein junger Heizer aus Berlin-Pankow, den unser Lokführer Willi Griese »an Land gezogen« hatte. Die beiden hatten sich gesucht und gefunden. Wie der Kollege wirklich hieß, hatte ich bald wieder vergessen. Es war irgend ein ostpreußischer Name, aber wir nannten ihn nur »Putenschlunk«. Putenschlunk war etwa 1.90 Meter groß, er konnte bauchreden und er verstand es wundervoll, junge Mädchen geistvoll zu veralbern, ohne gewöhnlich zu sein. Die sowjetischen Zöllner kannten ihn schon recht gut und freuten sich immer über seine Bauchrednerei.

Nun hatte »Putenschlunk« mit Kreide ganz groß »Frohe Ostern« an die Tenderseite angeschrieben. Als wir nun ausfuhren, leuchtete der Gruß den wartenden Cottbuser Loks und deren Personalen entgegen und erboste diese. Sie waren zu Recht wütend, immerhin hatten wir uns an der Reihe »vorbeigemogelt«. Mit einem Hagel von Schottersteinen brachten sie ihre Wut zum Ausdruck. Ihr Pech, aber unser Glück war, daß die ihnen zugewandte Seite unseres Wohnwagens unsere Bettenseite war. Die Fenster hatten wir vernagelt und mit dünnem Blech gegen Witterungseinflüsse geschützt. Wäre der Wagen andersherum gestanden, hätte es wohl Beulen gegeben, denn die Dellen im Blech der Fenster bewiesen, daß die Cottbuser Kollegen gut gezielt hatten. Für derartige Streiche hatte unser Kollege Putenschlunk ein besonderes Gespür.

»Was haben wir denn da?«

In jedem Transitzug lief hinter dem Wohnwagen für die Zugbegleitung noch ein Kommandowagen der Roten Armee. Die Soldaten mußten bei Aufenthalten den Zug bewachen. Wir fuhren jetzt einen Leerzug, daher hatten die Soldaten keine Bewachungsaufgaben.

Vor der Zollkontrolle in Gubin hatten wir »Manschetten«, wie man so schön sagt. Das sollten ausgesprochene »Räuber« sein, die überall hinkrochen. Die Schauergeschichten von den polnischen Zöllnern und Grenzern machten bei allen Lokkolonnen die Runde. Wir fuhren eine Lok der BR 50, bei der es kein »Traumversteck« gab. So war wieder einmal Theos Einfallsreichtum gefragt und er ließ sich auch nicht lange bitten.

Wir mußten es so einrichten, daß wir zwischen 2 und 4 Uhr morgens beim Zoll in Gubin waren. Zwar ist die Nacht nicht allein zum Schlafen da, aber es gibt Tageszeiten, zu denen der Mensch nur mit sehr gedämpfter Lust an die Arbeit geht: Die Zeit zwischen 2 und 4 Uhr ist die Zeit der großen Müdigkeit, es stand zu erwarten, daß auch der polnische Zoll davon keine Ausnahme machte.

Doch erst einmal war es noch nicht soweit. Es war 14 Uhr und Willi Griese trat seinen Dienst an. Wir machten Bremsprobe und warteten auf die Ausfahrt. Ich stand noch draußen und unterhielt mich mit Willi. Da trat plötzlich der »Smutje« des Kommandowagens auf mich zu und sagte:

»Zugführer zum Kommandant (ein Leutnant) kommen!«

Ich war ob dieser Nachricht etwas beunruhigt. Was wollte er von mir? Wir hatten doch einen Leerzug? Ich sagte noch schnell zu Willi:

»Willi, wenn die Ausfahrt frei ist, dann fahr los. Ich soll zum Iwan in den Wagen kommen.«

Dann ging ich in den Kommandowagen. Es war ein ehemaliger tschechischer CI-Wagen (= zweiachsiger Personenwagen, 3. Klasse – Mittelgang). Am vorderen Wagenende waren die beiden Seitentüren zugestellt, also mußte ich hinten eintreten. Nachdem ich eingetreten war, sagte der Leutnant zu mir:

»Zugführer, Du hinsetzen und essen und trinken.«

Nun, ich ließ mich nicht lange bitten. Es gab Spiegeleier, Wurst, saure Gurken, Brot und zum Trinken polnischen Wodka aus Wassergläsern. Dazu lagen auf dem Tisch auf einem Teller jede Menge Zigaretten. Und ich dachte so bei mir: »Den Gastgeber darfst Du nicht beleidigen, also lang' zu!«

Unterdessen fuhr Willi Griese, und fuhr und fuhr. Während einer Essenspause, als der Smutje die nächsten Spiegeleier briet, trat ich ans Fenster, zückte meine Taschenuhr, blickte zu den Kilometersteinen und errechnete die Geschwindigkeit. Ich hatte ja mit allerlei Tempo gerechnet, aber nicht mit 85 Stundenkilometern. Und das mit einem leeren Zug. Dann setzte ich mich wieder. Ich war keineswegs ängstlich. Unser Personenwagen war für höhere Geschwindigkeiten ausgelegt als Güterwagen, so daß von der hohen Geschwindigkeit nichts weiter zu bemerken war, sieht man einmal davon ab, daß die Räder sehr viel schneller als sonst über die Schienenstöße klapperten.

Als nun alles aufgegessen war, sagte der Leutnant:

»So Zugführer, nun kannst Du gehen.«

Und Willi fuhr! Er fuhr mit 85 Stundenkilometern. Ich steckte noch eine Handvoll Zigaretten ein und sagte, daß ich sie später rauchen würde. Sie sollten für Willi und »Putenschlunk« sein. Da die Seitentüren zugestellt waren, mußte ich zunächst durch die Stirnwandtür zu meinem Wagen gelangen. Jetzt wurde es etwas »kitzlig«, denn der Weg zur Lok führte über die Schraubenkupplung, allerdings gab es kein Übergangsblech. Hemmungen hatte ich keine, außerdem war ich nicht mehr ganz nüchtern. Immerhin hielt ich kurz inne und sagte laut zu mir selbst:

»Erich, Du bist besoffen, sei vorsichtig!«

Dann tat ich den entscheidenden Schritt und stand nun auf der zuckenden Kupplung. Noch ein Schritt, dann stand ich auf den Puffern des Tenders. Die Leiter hinauf, auf dem Umlauf nach vorne, und dann schwang ich mich ins Führerhaus. Meine ersten Worte an Willi waren: »Willi, wir müssen fahren!«

Und er fuhr. Wie lange ich nun auf dem Führerstand war, weiß ich nicht mehr. Lokführer und Heizer rauchten von den mitgebrachten Zigaretten. Wir näherten uns Lodz. Das Einfahrsignal zeigte zwei Flügel, also runter auf 40 Stundenkilometer! Willi bremste, dann grinste er nach hinten, wo sich auf der Fensterseite allerlei Fäuste zeigten. Das Bremsmanöver hatte offenbar für eine gewisse Unordnung gesorgt, vermutlich war alles durcheinander gepurzelt und von den Tischen geflogen.

Wo wir schließlich wieder bekohlten und Willi abgelöst wurde, weiß ich heute nicht mehr. Behalten habe ich nur die 306 Kilometer, die er in der Schicht (sechs Stunden) gefahren war. Wenn man in Polen gut fuhr, kam man überall durch, sonst ging es laufend auf die Seite.

Nach Willi stieg Lokführer Illgen auf die Maschine, der erst kurze Zeit bei den Brigaden war. Er fuhr sehr langsam. Dann kamen die ehemals deutschen Gebiete mit ihrem Nebenbahnnetz. Wir mußten mit unserer Fuhre häufig »in die Ecke«. Nach ihm übernahm Bruno Stephan den Regler. Er war ein 62-jähriger erfahrener Lokführer aus Berlin und »das As« in Sachen Lokreparatur. Er kannte alle Schliche der Maschinen und wenn ihm Willi sagte, er solle doch einmal ein bißchen langsam fahren, dann »gab die Maschine auch nichts her«, ganz gleich, wie sich der Pilot auch gebährdete. Ansonsten aber fuhr er flott, aber immer im Rahmen des Erlaubten.

Nur leider halfen uns Brunos Fahrkünste nun auch nicht mehr weiter: die vielen Unterwegshalte hatten uns zu viel Zeit gekostet und Theos »Grenzübertrittsplan« zerstob in Nichts. Wir waren um 6 Uhr früh in Gubin. Angerückt kam eine ausgeruhte und frische Mannschaft von Zöllnern und Grenzern, die vor Tatendrang nur so strotzte.

Aber was waren das für Gestalten? Wir kannten die Kontrollmannschaften von Küstrin und von Reppen/Kunersdorf mit ihren sauberen exakten Uniformen. Gegenüber diesen wirkten die Zöllner von Gubin in ihren speckigen und schmierigen Uniformen wirklich wie Räuber.

Und wie die Räuber fielen sie auch über unseren Zug her. Sie suchten und suchten. Aber sie fanden nichts – bis sie zu meinem Schrank kamen. Dort lag ein Stapel Briefe, die mir die Cottbuser Kollegen in Jagodzin für ihre Familien in der DDR mitgegeben hatten. Jetzt kam ihre Maschinerie auf Touren. Sie nahmen mich mitsamt den Briefen ins Zollbüro und warfen mir Spionage vor.

Wenn ich ihnen unser Schmuggelversteck preisgäbe, würden sie mich laufen lassen, ansonsten...

Doch so konnten sie mir nicht kommen: Ich erklärte ihnen, daß das Post für die Angehörigen in der DDR sei und daß sie diese Briefe überhaupt nichts angingen, weil sie Transitware seien. Als sie merkten, daß sie keinen Erfolg haben würden, beschlagnahmten sie die Briefe. Sie prophezeiten mir, daß sie mich schon noch erwischen würden, dann jedoch ließen sie mich gehen. Mir war klar, daß sie nur blufften, um das Gesicht zu wahren und ihre Blamage zu verdecken. Immerhin muß es die »Meute« mächtig gewurmt haben, daß sie nichts gefunden hatten, Und das, obwohl wir ja kein »Superversteck« hatten. Aber wir hatten ja Theo, und obwohl sein Plan gescheitert war, hatte uns sein Ideenreichtum nicht im Stich gelassen: Als Wagenmeister kannte er sich natürlich bestens aus, und so hatte er dort, wo vorher der Batteriekasten gewesen war, ein Versteck konstruiert, das die Zöllner nicht entdeckt hatten. So brachten wir also unser Schmuggelgut trotz der erschwerten Umstände wohlbehalten über die Grenze.

Einige Zeit später flog es dann leider doch auf. Die Zöllner in Reppen hatten es entdeckt und ausgeräumt. Ich kam gerade von der Aufsicht zurück, wo ich meine Angaben gemacht hatte und sah den ganzen Berg »Konterbande« auf Theos Tisch liegen. Ich versuchte, die Situation mit Humor zu lösen. Ganz fröhlich und erstaunt im »Wir-Ton« kommentierte ich den Anblick:

»O, was haben wir denn da schönes?«

Leider stieß meine Fröhlichkeit auf wenig Gegenliebe – Humor schien bei den Zöllnern eher dürftig ausgeprägt zu sein und ich fing mir mit meiner launigen Bemerkung nur böse Blicke ein.

Ost-West-Handel

Im August 1950 fuhren sehr viele Transitzüge aus der DDR in die Sowjetunion und umgekehrt. In Polen gab es seinerzeit keine guten Kämme, daher schmuggelten alle Brigadeangehörigen Kämme nach Polen. Demzufolge war der »Markt« alsbald gesättigt und die Preise fielen.

Natürlich beteiligten auch wir uns an diesem Handel. Damals erfolgte die technische Übergabe der Züge noch in Frankfurt Personenbahnhof, da es den Frankfurter Grenzbahnhof noch nicht gab. Dort standen wir also eines Tages mit unserem Zug, und der deutsche sowie der polnische Wagenmeister gingen gemeinsam den Zug ab. Der deutsche Wagenmeister hieß Theofil Skoberla und war während der Nazizeit technischer Inspektor gewesen. Bei der Entnazifizierung wurde er zum Wagenmeister zurückgestuft. Er stammte aus Oberschlesien, war ein »ganz gewiefter Bursche« und sprach perfekt polnisch. Allerdings verbarg er seine Sprachkenntnis häufig vor den Polen und erweckte den Anschein, als ob er nichts verstehen könne.

An diesem Tag wollte nun der polnische Wagenmeister in Frankfurt wissen, wo wir unsere Kämme versteckt hielten und gab vor, welche kaufen zu wollen. Er wollte 70 Zloty je »Familienkamm«, wie ihn die Polen nannten, bezahlen. Wir lehnten das Angebot ab, denn in Posen würden wir pro Kamm 80 Zloty bekommen. Er ließ jedoch nicht locker. Schließlich meinte er, wir könnten doch Geld weit besser verstecken als die Kämme. Doch auch dieses Argument vermochte uns nicht zu überzeugen und so zog er endlich doch erfolglos ab.

Da derartige Verhandlungen nicht ungewöhnlich waren, hatten wir an seinem Verhalten nichts verdächtiges bemerken können und fuhren mitsamt unseren Kämmen unbekümmert über die Grenze. Die Zollkontrolle war damals in Reppen und so wurden wir dort auf die Gütergleise gelenkt, wo wir zum Stehen kamen. Ich hatte Dienst und ging mit allen Papieren los, zunächst zur Aufsicht und dann zum Zollbüro. Zwei Zöllner kamen mir entgegen. Sie fragten mich:

»Na Zugführer, was haben wir denn im Wasser?«

(Gemeint war der Wasservorrat im Tender. Dort wurde Schmuggelware gerne versteckt, allerdings war das den Zöllnern mittlerweile bekannt. Bei Verdacht ließen sie gerne das Wasser ab und konnten dann »trockenen Fußes« die Schätze heben.)

»Im Wasser haben wir nichts!«

Das war noch nicht einmal gelogen, denn wir hatten die Ware anderswo versteckt.

»Na, wir werden suchen, es ist uns gemeldet worden.«

Ich neigte dazu, immer das letzte Wort haben zu wollen, und so gab ich ihnen einen »gottgefälligen« Zuspruch mit auf den Weg:

»Suchet, so werdet Ihr finden, steht in der Bibel, aber Ihr werdet nichts finden!«

Sie machten sich an die Arbeit und ich zog ab, machte bei der Aufsicht meine Angaben über die Zusammensetzung des Zuges und ging dann zum Zoll. Dort wurde ich gleich mit der Frage empfangen:

»Na, Zugführer, was handeln wir denn?«

Da gab es natürlich nur eine Antwort:

»Wir handeln Ost-West!«

(Nach der Währungsreform 1948 wurde von den »nebenberuflichen« Geldwechslern am Bahnhof Zoo in Westberlin jedem Vorübergehenden immer wieder zugeflüstert: »Ost-West, Ost-West«, insofern war dies gewissermaßen ein »terminus technicus«).

Das konnten die polnischen Zöllner nun auffassen, wie sie wollten. Allerdings war diese Angabe für den Chefzöllner offenbar nicht ausreichend, daher versuchte er es jetzt anders:

»Na, Zugführer, was kosten denn jetzt die Kämme?«

Ich log munter darauf los:

»Habe noch keine Kämme verkauft.«

»Das können Sie alter Schmuggler uns nicht erzählen. Wenn das ein Kollege von der Jugendbrigade sagen würde, der das erste Mal fährt, könnte ich das ja noch glauben, aber Ihnen nicht!«

Nun holte ich meinen Taschenkamm aus der Brusttasche und sagte:

»Fünfzig Pfennige.«

In Wirklichkeit kostete uns der große »Familienkamm« beim Großhandel nur drei Pfennige. Immerhin hatte ich die Genugtuung, daß er mich nun in Frieden ließ.

In der Zwischenzeit hatten die Zöllner ohne Erfolg unseren Wagen durchsucht. Theo erzählte uns, daß während des Suchens ein Zöllner zum anderen gesagt habe, er würde doch gar zu gerne wissen wollen, wo die Kämme versteckt seien. Erst jetzt ging uns ein Licht auf: der polnische Wagenmeister in Frankfurt war als Kundschafter für den Zoll tätig und meldete die verdächtigen Züge vor.

Na, die Kämme waren gut versteckt und wurden nicht gefunden. Da wir nun wußten, daß der Wagenmeister sozusagen ein »Spion« war, konnten wir uns in der Zukunft darauf einstellen. Einstweilen dampften wir ab in Richtung Osten. In Schwiebus mußten wir halten und ich nutzte die Gelegenheit, um die Kämme los zu werden.

Sie wurden mit Kußhand genommen und ich erzielte den Posener Höchstpreis. Die Kollegen waren weniger glücklich. Sie versuchten ihre Ware in Posen selbst loszuwerden – doch dort war der Markt tatsächlich gesättigt. Die Preise waren dementsprechend schlecht und je weiter man nach Osten kam, desto schlechter wurden sie.

Freilich, wer sollte die ganzen Kämme auch brauchen?

»Sektionsleiter Deutsch-Polnische Freundschaft«

Immer weiter ging es in Richtung Osten. Schließlich kamen wir nach Malaszewice kurz vor der sowjetischen Grenze. Dort wurden die Züge vom Terespoler Zoll abgefertigt. Auch für Reisezüge war dort die Paßkontrolle. Die Terespoler Zöllner waren bekannt dafür, daß sie ihre Kontrollen weit über das gewöhnliche Maß hinaus trieben. Man hätte ihre Arbeit auch mit »Filzen« beschreiben können...

Mittlerweile hatte Lokführer Illgen Dienst. Der hatte fünfzig Kämme als Schmuggelware gebunkert, allerdings waren diese nun nicht mehr versteckt, da er unterwegs vergeblich versucht hatte, die Ware loszuwerden. Außerdem hatte er eine Motorradkette bei sich. Diese war für einen Bekannten in Westberlin. Die Zöllner machten ihrem Ruf alle Ehre und fanden beides. Da Illgen mit einem Brief nachweisen konnte, daß die Kette tatsächlich keine Schmuggelware war, sondern für den Bekannten, ließen sie ihm das Teil. Die fünfzig Kämme hingegen wurden beschlagnahmt.

Das brachte nun Theo in Rage, denn für ihn war es gewissermaßen »eine Frage der Ehre«, keine Schmuggelware an den Zoll zu verlieren. Als nun die Zöllner mit ihrem Fund abzogen, zog Theo mit. So ging es ins Zollbüro. Dort hatte Theo seinen großen Auftritt.

»Ich bin Sektionsleiter der Deutsch-Polnischen Freundschaft!«, stellte er sich vor, was zwar nicht stimmte aber wirkte. Die Zöllner jedenfalls schienen beeindruckt.

Dann hielt ihnen Theo einen Kurzvortrag:

Die Kämme seien Transitware, was schon daraus ersichtlich sei, daß sie ja ansonsten schon längst abgesetzt worden wären. Den »gesättigten Markt« in Polen überging er großzügig. Schließlich fuhr er sein stärkstes Geschütz auf. Die Wegnahme der lumpigen fünfzig Kämme würde ihn im Grunde nicht schmerzen, da ihr Warenwert gering sei. Doch der Zoll möge doch, bitteschön, berücksichtigen, welchen nicht zu beziffernden Schaden ihm die Beschlagnahmung der Kämme bei seiner ohnehin schon schwierigen Arbeit in Sachen Aufbau der Völkerverständigung bereite...

Frechheit siegt. Den Vorwurf, die Völkerverständigung wegen einiger Kämme zu boykottieren, wollte der Zollchef natürlich nicht auf sich sitzen lassen. Mit großer Geste wies er seine Leute an, die Kämme zurückzugeben, denn sie wären wirklich Transitware.

Theo zog im Triumph in den Wagen zurück, und unser Ruhm war ihm gewiß.

Der Wasserschmuggler

Kämme waren natürlich längst nicht das einzige Schmuggelgut – im Grunde schmuggelten wir alles, was entweder Geld brachte oder uns selbst nutzte. Wieder einmal waren wir auf Tour. Wir hatten Posen hinter uns. Die Geschäfte waren erfolgreich getätigt und auch die »Ernährungslage« war wieder gesichert.

Beim Lokpersonal ging es hoch her. Sie hatten mit einem Liter 96-prozentigen Alkohols, fünfzig Eigelb, Kakao und Zucker einen ganz vorzüglichen Schokoladeneierlikör gezaubert. Bei guter Stimmung hielt der Vorrat freilich nicht lange, der Durst war jedoch längst noch nicht gestillt. Man verlangte nach mehr. Aber der Zug rollte weiter ostwärts in den Abend hinein und an sofortigen Nachschub an Primasprit war nicht so schnell zu denken.

Allerdings hatte Lokführer Bruno Stephan noch einen Liter, und die andern wußten das. Den sollte er nun für das ganze Lokpersonal hergeben, leihweise, versteht sich! Doch Bruno wollte nicht. Bruno, unser Spezialist für alle Lokreparaturen, war sehr gutmütig. Er war Witwer und hatte in Berlin eine »Schlummermutter«, wie wir das nannten. Mit der wollte er den selber gemixten Likör »auspicheln«. Für die Kollegen auf der Lok war das allerdings kein Argument – sie wollten Alkohol, und zwar gleich. Bruno wurde auf die Rückfahrt vertröstet.

»Nee, dann ist bestimmt wieder Nacht. Kommt nicht in Frage!«, wehrte er sich.

Um seinen hochprozentigen Alkohol sicher über die Grenzen schmuggeln zu können, hatte er den Sprit in eine große Feldflasche umgefüllt, um diese dann zwi-

schen den Beinen tragen zu können. Die Kollegen wuß-
ten das natürlich und versuchten nun, ihn abzulenken.
In einem unbewachten Moment nahmen sie die Flasche,
füllten den Primasprit in ein anderes Gefäß und die
Feldflasche mit Wasser. Bis auf Bruno wußten bald alle
Bescheid, auch wir vom Zugpersonal. Bruno jedoch
merkte nichts und er bot mir nach einer Weile ein
Gläschen an.

»Bruno, wenn Du mir einen ausgibst, dann trinke ich
ihn natürlich. Prost!«

Alle grinsten wissend.

So schmuggelte Bruno sein Wasser von Polen in die
Sowjetunion und zurück nach Polen und von dort in die
DDR. Die Rückfahrt durch Polen verlief dann wirklich
während der Nacht. Am Tage nach der Rückkehr war
Bruno friedlich wie immer. Aber das dicke Ende nahte:
Tags darauf aber erlebten wir einen wütenden Bruno,
wie wir ihn noch nicht gesehen hatten. Er schimpfte und
tobte, er würde den ganzen Schmuggel platzen lassen,
das »Superversteck« in der Lok platzen lassen und dergleichen mehr.

Willi Griese gelang es schließlich, ihn zu beruhigen.
Hoch und heilig mußte er ihm versprechen, daß er den
Primasprit selbstverständlich auf der nächsten Fahr
wiederbekomme. Das haben wir dann auch gehalten
und Bruno war wieder gutmütig wie eh und je – nur das
Wort Wasserschmuggler durfte niemand in seiner
Gegenwart sagen.

Polnische Zöllner

Unter den polnischen Zöllnern gab es, wie überall, die verschiedensten Charaktere. Einmal fuhren wir auf der preußischen Ostbahn Richtung Königsberg nach Gerdauen. Die Zollkontrolle auf dieser Strecke erfolgte in in Küstrin. Dort wirkte ein älterer polnischer Zöllner, der genauso arbeitete, wie er aussah: bequem. Er war wohlbeleibt und hatte keine Ambitionen, sich unnötig Arbeit zu machen. Und so hatte sich bei ihm folgendes Ritual herausgebildet:

Kamen ein Zug aus Richtung Osten zurück und wollte in die DDR, dann pflegte er zu sagen:

»Packen Sie alles, was Sie in Polen gekauft haben auf den Tisch, dann werde ich nicht suchen.«

Dann sammelte er alles ein, hatte seine »Fundprämie«, und hatte bei den Vorgesetzten ein gutes Ansehen, weil er eben immer Erfolg hatte.

Wir fielen auf diese Masche nur einmal herein. Glücklicherweise konnten wir ihm eines Tages mit Tropfen gegen seine Ohrenschmerzen helfen. Fortan hatten wir »eine Nummer« bei ihm.

Überhaupt ging es in Küstrin nicht immer ganz ordnungsgemäß zu. Zwei Kollegen des Dicken verlangten stets deutsches Geld. Kamen wir an die Grenze, oblag es Theo, diese »Zollumlage« einzusammeln. Mit dem Geld besorgten die deutschen Grenzer das, was die polnischen Kollegen gerne aus der DDR haben wollten.

Theo pflegte dies mit den Worten der Heiligen zu kommentieren:

»Seht die Zöllner und die Pharisäer«.

Ja, ja, die Küstriner Zöllner standen nicht gerade am höchsten in unserer Achtung.

Ein anderes Mal fuhren wir mit zwei Loks und den dazugehörigen Wohnwagen zurück in die DDR. In Thorn sahen wir den Heizer von der anderen Lok rucksackweise Lebensmittel heranschleppen. Er wollte damit die Hochzeit seiner Tochter ausrichten. In der DDR gab es ja zu der Zeit noch Lebensmittelmarken. Ich sagte zu Leo Franz, meinem Zugführerkollegen:

»Wie will der das denn alles sicher über die Grenze bekommen?«

Er meinte, ich solle mal abwarten, wie das klappt. Diese Brigade fahre auf eigenen Wunsch nur nach Gerdauen. Zoll und Brigade seien da ein Herz und eine Seele.

Und richtig: als wir in Küstrin ankamen, gab es vor deren Wohnwagen erst einmal einen herzlichen Händedruck zwischen dem Zöllner und dem Brigadelokführer. Dann gingen sie hinein. Dort lagen etliche Waren inklusive Schnaps und Zigaretten nebst polnischem Geld auf dem Tisch, das beim »Suchen« gefunden worden war.

Nach diesem »gemütlichen Beisammensein« wollten die Zöllner auch zu uns nach vorne kommen. Doch der Brigadelokführer meinte, daß sie sich das ersparen könnten, wir da vorne seien »ganz arme Hunde«. So kam nur einer der Zöllner »mal eben vorbei« und sagte zu uns:

»Schmeißt mal alle Eure Betten durcheinander, damit die Grenzer sehen, daß wir da waren.«

Wieder einmal erwies sich, daß jeder bestechlich ist – es kommt nur auf die Summe an.

Man könnte endlos über die Zöllner und ihre Gepflogenheiten erzählen: ganz gleich, wo wir über die Grenze fuhren, immer gab es irgendwelche Geschichten.

Auf der Brester Strecke erlebten wir, wie sich zwei Zöllner in Theos Ecke setzten, aus ihrer Arbeitsjacke eine Flasche Schnaps zogen und die ganze Kontrollzeit damit verbrachten, zu politisieren.

In Malaszewice entdeckten zwei Zöllner unsere Weinflaschen und beschlagnahmten sie. Unter den zwölf Flaschen waren auch zwei von mir, die keine Etiketten mehr hatten. Natürlich protestierten wir, als sie uns alle wegnahmen. Da gaben sie zwei Flaschen zurück und meinten, eine sei für das Lok- und eine für das Zugpersonal. Natürlich gaben sie die beiden unetikettierten zurück, denn bei denen wußten sie ja nicht, was drin war. So hatte ich meinen polnischen Obstwein wieder und ich war dankbar dafür, denn die polnischen Obstweine waren unseren Obstweinen in Geschmack und Qualität weit überlegen. Ich aber lernte daraus und führte fürderhin ich zwei Flaschen ungarischen, bulgarischen oder rumänischen Weines mit, trank sie so nach und nach auf der Hinfahrt aus und füllte in die leeren Flaschen den polnischen Obstwein. Und siehe da, ich hatte von da an keine Probleme mehr.

Schließlich lernten auch wir eines Tages den Schrecken aller Brigadefahrer kennen: »Handschuhmax« kam zu uns, um unsere Wohnwagen zu kontrollieren. Den Spitznamen verdankte der Zöllner seinen weißen Handschuhen, die er stets trug. Begann er mit der Suche, zog er sie aus, war er dann fertig, ließ er sich Wasser und Seife geben, wusch sich die Hände und zog sie dann wieder an. Handschuhmax war eben etwas vornehmer als wir.

Es war Mitte Dezember 1950, und unsere Stammlok war inzwischen die 52149, die mit dem Superversteck.

Ich hatte Dienst und begleitete Handschuhmax auf seiner Pirsch.

Unser Wohnwagen war ein Wagen mit offenen Plattformen, deren eine auf der einen Seite mit einem Ausbau versehen war. In diesem Ausbau lagerte die Karbidtrommel, eine Kanne mit Öl für den Wagenmeister und allerlei Werkzeug. Rund herum an Rechen hing unser Arbeitszeug.

Dort blickte er nun hinein und fragte mich:

»Ist hier etwas?«

Ich markierte den Unsicheren und sagte dann zögernd:

»Ich weiß nicht!«

Da begann er intensiv und systematisch zu suchen. Er suchte und suchte, durchfummelte mit einem festen Draht die Karbidtrommel, stocherte in der Ölkanne herum, während ich innerlich feixte. Wir hatten ja unser Superversteck. Schließlich fing er an zu pfeifen.

Oha, dachte ich, der ist in Fahrt ob seines Mißerfolges.

Aber dann fand er in Theos Koje, am Bettrand fein versteckt, etliche Packungen Rasierklingen.

»Sind das Ihre?« fragte er Theo.

»Nein, i wo, bin ganz überrascht, die müssen noch von meinem Vorgänger sein. Wir haben den Wagen jetzt erst übernommen.«

Dabei guckte Theo derart »dümmlich« aus der Wäsche, daß ich ihm am liebsten eine gescheuert hätte, so dämlich konnte er gucken.

»Reichen Sie mir Ihre Butter!« herrschte der Zöllner nun Theo an. Theo gab sie ihm. Dann verlangte er ein Messer und stocherte nun wieder systematisch in der Butter herum. Er wollte natürlich Theos Geld erwischen. Hätte er es gefunden, wäre das für Theo übel ausgefallen. Aber da hatte er Theo unterschätzt. Es war alles vergeblich.

Schließlich gab Handschuhmax auf. Nun sprach er zu mir in gönnerhaftem Ton:

»Nun können Sie mir sagen, wo das Versteck ist, ich nehme nichts weg. Sie können jetzt verkaufen.«

»Nee,« sagte ich, »das ist gegen das Geschäftsgeheimnis. Wir wollen ja noch öfter damit fahren. Und da bekommt noch einer was von ab, der nichts hat.«

Handschuhmax war ganz gerührt:

»Was, gibt es das auch noch?«

Dann verließ er ganz geschlagen den Wagen.

Nachdem dieser Kelch an uns vorüber gegangen war, sagte ich zu Theo, daß er mit Handschuhmax doch polnisch hätte sprechen können, dann wäre er ihm vielleicht geneigter gewesen. Aber Theo meinte:

»Wenn ich deutsch spreche, habe ich Zeugen für das, was ich gesagt habe, auf polnisch aber nicht.«

Und da konnte ich ihm nicht unrecht geben.

In der Heimat angekommen, bekamen wir Urlaub über Weihnachten. Das Versteck war nun leer, die Klappe zugeschraubt, aber nicht verschmiert. Weil wir Urlaub hatten, wurde die Lok an eine andere Brigade übergeben. Zugführer Leo Franz fuhr als Letzter in den Urlaub. Er informierte die Nachfolger über das Versteck, die natürlich hocherfreut darüber waren.

Unser Lokführer Willi Griese war aber nicht der Mann, der sich diese Lok hätte wegnehmen lassen, und so erhielten wir unsere Lok nach Rückkehr aus dem Urlaub wieder. Der Interimsbelegschaft mißfiel dies natürlich sehr, denn sie hatten zwischenzeitlich die Vorzüge des Verstecks kennen- und schätzen gelernt.

Bruno Stephan fuhr nun nicht mehr mit uns, an seine Stelle trat ein neuer jüngerer Kollege, der aus Bayern stammte. Wir nannten ihn nur Sepp, obwohl er nicht so hieß. In dieser Zusammensetzung ging es wieder auf Tour. Alles verlief programmgemäß. Bei der Heimfahrt kam wiederum Handschuhmax zur Kontrolle:

»Kinder, habt Ihr ein Glück, aber heute will ich nichts von Euch, sondern von den Schwarzen.«

Er zog sich bei uns die Handschuhe aus und ging nach draußen, schaute hierhin, schaute dorthin und befahl dann dem Lokführer, die Kohle umzuschaufeln. In einem passenden Moment sagte ich Sepp, daß er Handschuhmax mal die Schippe in die Hand geben solle, denn er selbst hätte doch an der Lok noch genug Arbeit. Gesagt, getan – nun schippte Handschuhmax höchstselbst wie ein Berserker. Schließlich hatte er »die Faxen dicke« und ließ den Brigadelokführer wecken. Unserem Bajuwaren hatte er mitgeteilt, weswegen er so schuftete: in der Mitte des Tenders sei ein Loch, das er inspizieren wollte.

Nun kam Willi Griese und tat ganz erstaunt. Mit seiner (Rand-) Berliner Kodderschnauze sagte er zu Handschuhmax:

»Aber, aber, das haben Sie doch bei mir vor zwei Jahren selber ausgehoben. Da ist wohl einer neidisch?«

Tatsächlich war Willi erst eineinhalb Jahre bei der Brigade, und tatsächlich gab es noch ein Loch, ein offenes Versteck, das allerdings, weil es früher einmal geplatzt war, nicht mehr benutzt wurde.

Nun, Willi hatte seinen Zweck erreicht, Handschuhmax gab auf. Wer das Loch nun wirklich einmal ausgehoben hatte, wußte natürlich überhaupt niemand. Als Handschuhmax endlich seine Handschuhe wieder an hatte und würdevoll davonschritt, fiel uns ein Felsbrocken vom Herzen. Unser »Superversteck« war randvoll gewesen. Handschuhmax hatte offenbar von der Brigade, die die Lok über Weihnachten gehabt hatte, einen Tip bekommen, daß im Tender ein Versteck sei. Zum Glück hatten sie nicht genau angegeben, wo es sich nun wirklich befand.

Einige Zeit später wurden wir Zugpersonale wurden von den Lokpersonalen getrennt, wenn die Lok längere Zeit nicht eingesetzt wurde. Unser Wagen wurde dann umgehängt, so daß sich unsere unwirtschaftlichen Standzeiten verkürzten. Allerdings bewährte sich das Prinzip nicht und wurde wieder rückgängig gemacht. Unsere 52 149 erhielten wir allerdings nicht wieder, doch eines Tages flog das Versteck im Tender ohnehin auf, und die Polen verlangten, daß das Loch zuge-schweißt wurde.

Natürlich wollte keiner wissen, wer hier den Verrat geübt hatte. Ein Zöllner sagte mir einmal, daß er und seine Kollegen nur ein Zehntel dessen fänden, was sie tatsächlich beschlagnahmen, wenn unsere Kollegen nicht so viel verrieten. Ich muß gestehen, daß es für uns Deutsche nicht gerade ein Ruhmesblatt war, derartiges aus dem Munde eines Ausländers zu hören.

»Ich rieche Tabak«

In meiner gesamten Brigadezeit hat es uns nur ein-mal nach Brestovice verschlagen, dem Grenzübergang von Polen zur Sowjetunion an der Strecke Warschau – Grodno – Vilnius – Leningrad.

Bis ins Jahr 1951 wurden dorthin nur reine Brikettzüge gefahren. Beim Schwarzhandel in Brest war der Tauschpreis für ein Brot eine Schachtel »Fallschirm«-Zigaretten. Das sollte auch in Brestovice gelten. Aber wir wurden von anderen Brigaden gewarnt, Geschäfte in Brestovice zu machen, wonach wir uns auch strikt richteten. Die Bevölkerung nahm nämlich das Brot, lieferte auch die Zigaretten, zeigten dann aber den sowjetischen Zöllnern an, daß die Brigade Schmuggelware hatten.

Am Kopfende unter meinem Bett war ein kleines Schmuggelversteck eingebaut. Dort war eine doppelte Wand. Wenn man mit einer Lampe hineinleuchtete, war nichts zu sehen. Den verkürzten Abstand zur Rückwand konnte man nicht so ohne weiteres feststellen, denn die doppelte Wand hatte nur Handbreite. Ich mußte nur meinen Strohsack und das darunter befindliche Brett anheben und schon kam ich an das Versteck heran. So konnte man ganz auf die Schnelle dort etwas aus dem »Blickfeld« bringen.

In Brestovice mußten wir beim sowjetischen Zoll auch unsere Valuta angeben. Wir deklarierten allerdings nur unsere DDR-Währung. Das polnische Geld, das wir ja illegal besaßen, kam wegen des polnischen Zolls in das Versteck hinein, ebenso auch die polnischen Zigaretten. Aber weder Geld noch Zigaretten gehörten mir – zum Glück.

Bei der Ausreise aus der SU kam der sowjetische Grenzoffizier und fragte, ob wir russische Zigaretten hätten. Wir verneinten, und ich zeigte mich besonders großzügig und sagte mit einer einladenden Handbewegung:

»Kommen Sie und überzeugen Sie sich selber!«

Er guckte in die Schränke unter die Betten, kam zuletzt auch an mein Bett und sagte:

»Ich rieche Tabak!«

Er hatte ein gutes Näschen, leider. Er schnüffelte und suchte, und schließlich warf er den Strohsack zurück, hob natürlich auch das Verschlußbrett an – und dann hatte er das Versteck gefunden.

Nun hielt er eine kleine Standpauke wegen der Zigaretten und des polnischen Geldes. Ich machte ihn darauf aufmerksam, daß die Zigaretten polnisch seien. Da sagte er:

»Warum dann verstecken?«

Wir antworteten ihm, daß wir die Sachen vor dem polnischen Kollegen versteckt hätten.

Nun war zwar das Schmuggelgut nicht meines, wohl aber das Versteck. Also mußte ich mitkommen. Die Kollegen nahmen das Schlimmste an und dachten, daß ich eingesperrt würde. Ich trottete unterdessen mit dem Zöllner in dessen Büro. Dort, in einem ehemaligen Personenwagen preußischer Bauart mit zwei offenen Plattformen, durfte ich Platz nehmen.

»Rauchen Sie?« fragte er, und ich, obwohl absoluter Nichtraucher, durfte jetzt nicht nein sagen, sonst hätte er sicher gemeint, ich sei ein Spekulant. So sagte ich nur:

»Malo, malo!«

Er reichte mir eine Zigarette mit langem Pappmundstück. Ich paffte so vorsichtig, daß ich auf keinen Fall Rauch schlucken mußte – mit dem Erfolg, daß mir die Zigarette ausging. Ich zündete sie wieder an, während der sowjetische Offizier über einem Protokoll »schwitzte«. Nach einigen Zügen machte ich den Glimmstengel endgültig aus und legte die Kippe in den

Aschenbecher. Schließlich war das Protokoll fertig, ich bekam eine Durchschrift mit und konnte gehen. Geld und Zigaretten waren beschlagnahmt. Nun, das war nicht »mein Bier«.

Von den Kollegen wurde ich schon sehnsüchtig erwartet. Sie empfingen mich überschwenglich und auch ich war glücklich, daß ich heil und frei wieder zurückkam.

Zöllner »Stelzbein«

Wenn wir von Lublin über Czeremcha nach Brest fuhren, war der sowjetische Grenzbahnhof Wisoky Litowsk. Von hier aus ging es noch fünfzig Kilometer durch die Sowjetunion bis Brest (Flugplatz). Neben dem Normalspurgleis verlief noch ein Breitspurgleis, auf dem neben einigen Personenzügen nur schwere Sandzüge verkehrten. Über die Bugbrücke liefen beide Gleise in einer Gleisverschlingung.

Der Zollchef in Wisoky Litowsk war ein Versehrter aus dem Zweiten Weltkrieg, der eine hölzerne Prothese trug. Er sprach gut deutsch und wir mochten ihn, obwohl er weniger nach Schmuggelgut suchte als auf illegale Grenzgänger Jagd machte. Einen Lokführer, dessen Strohsack frisch und sehr voll gestopft war, fragte er einmal:

»Mann drin?«

Einmal kam »Stelzbein« mit den Grenzern und den beiden Zolldamen zur Kontrolle. Er sah unter alle Betten und in alle Spinde. Dann entdeckte er vor sich auf dem Tisch eine polnische Essigflasche. Stelzbein aber hielt sie für eine Wodkaflasche. Es gibt wohl kaum einen Russen, der einer derartigen Versuchung widerstehen kann: Ein Griff, ein tüchtiger Schluck...

Dann machte er ein etwas »säuerliches« Gesicht. Er prustete, spuckte und gab allerlei Töne von sich. Doch auch wir prusteten, aber vor Lachen. Stelzbein hingegen fand dies weniger lustig, ja, er wurde richtiggehend ungehalten. Zu unserem Glück hatten seine Genossen jedoch kräftig mitgelacht, daher konnte er uns nicht ernsthaft böse sein. So zog er es vor, die Stätte seiner Schmach möglichst schnell zu verlassen. Das Kontrollieren unterblieb an diesem Tag.

Ein anderes Mal kam er zu unserem Zugpersonalwagen und fragte:

»Wo habt Ihr Euren Schmuggel?«

Mir saß wieder einmal der Schalk im Nacken, daher antwortete ich:

»Aber, aber, wir schmuggeln doch nicht. Haben Sie schon einmal erlebt, daß ein Brigadefahrer geschmuggelt hat?«

»Du sei stille, Du Fuchs!«

»Ach, ich nicht Fuchs, ich Sportsmann!«

»Was, Du Sportsmann? Was für Sport?«

Er war hellhörig geworden. Ich erzählte ihm, daß ich Langstreckenläufer und Kanute sei. Mit dem Kanuten konnte er nichts anfangen, aber er fragte sofort nach der Strecke und der Zeit. Ich antwortete ihm:

»10 000 Meter in 35,5 Minuten!«

Das war die Zeit, die ich 1938 für das Sportabzeichen gelaufen war.

»Oh, Du schlechter Sportsmann. Sowjetunion Marathonlauf soundsoviel Minuten.«

Und dann erzählte er über sowjetische Langstreckenläufer. Ich versuchte, ihn davon zu überzeugen, daß ich kein Olympionike sei und nur aus Freude am Sport gelaufen wäre. Den Walter Ulbricht-Slogan »Jeder Mann an jedem Ort, in der Woche einmal Sport« gab es damals noch nicht, sonst hätte ich ihm den mit auf den Weg gegeben. Jedenfalls ging dabei die gesamte Kontrollzeit drauf, was den Kollegen und mir natürlich unglaublich leid tat...

Einmal ist Stelzbein dann doch fündig geworden. Kollege Doil hatte seine 18 Schachteln Fallschirmzigaretten mangelhaft versteckt. Der Zollchef stolperte gewissermaßen darüber und machte ihm nun eine grandiose Szene. Er war so laut, daß das Theater bis zu meinen Ohren drang. Ich ging rüber in den Lokpersonalwagen und sagte zu ihm:

»Ach, das ist doch malo Schmuggel!«

Doch dieses Mal war ihm mit der gewohnt lockeren Zunge nicht beizukommen. Ziemlich böse schnauzte er mich an:

»Du geh' andere Wagen, verflucht!«

Und das tat ich dann auch.

Die zweite Fahrt nach Jagodzin

Nachdem das Experiment der selbständigen Zugbrigade gescheitert war, waren wir wieder fest mit einer Lokbrigade verbunden. Ich möchte sie als die solideste bezeichnen, mit der wir während der ganzen Zeit gefahren sind.

Wir standen in Frankfurt Personenbahnhof auf Abruf. Dann erhielten wir die Anweisung, einen Leerzug nach Guben zu fahren, wo wir einen Zug nach Jagodzin übernehmen sollten. Nach den Erfahrungen unserer ersten Fahrt nach Jagodzin waren wir darüber alles andere als entzückt.

Zudem plagten mich tolle Zahnschmerzen, so daß ich mich kurz entschlossen zum Betriebszahnarzt begab. Damit war die Tour nach Guben »gestorben. Die Zugleitung hielt meine Zahnschmerzen freilich für eine »Masche«, mit der ich mich um die Fahrt nach Jagodzin drücken wollte. Und so blieb uns nichts anderes übrig, als uns »zähneknirschend« auf den Weg zu machen.

Es war tiefster Winter, Polen lag unter den Schneemassen förmlich begraben. In einem Einschnitt war gerade einmal soviel Schnee herausgefräst worden, daß der Zug mit Ach und Krach durch die »hohle Gasse« fahren konnte. Aus dem offenen Fenster konnten wir in die Schneewände hineinfassen, ohne den Arm ausstrecken zu müssen. Der Schnee reichte meist bis in Dachhöhe unserer Wagen, manchmal auch darüber hinaus.

An einem Morgen löste ich Leo Franz ab. Bei der Übergabe erzählte er mir, daß er im Lichtschein des Fensters am Waldrand zwei sehr große Schäferhunde gesehen habe. Ob das vielleicht sogar Wölfe gewesen seien?

Mitten im Wald, im tiefsten Winter? Das konnten nur zwei Wölfe gewesen sein. Die Botschaft bot mir eine willkommene Gelegenheit, den schon erwähnten Schaffner Karl Thieme ein wenig »einzuseifen«. Karl Thieme glänzte nicht gerade durch übertriebenen Arbeitseifer, außerdem war er beseelt von einer gewissen Einfalt und schließlich war er ein ängstliches Gemüt.

»Karl,« sagte ich zu ihm, »Leo hat in der Nacht Wölfe gesehen.«

Aber Karl winkte sofort ab und sprach:

»Ich bin den ganzen Krieg über Schaffner in Krakau gewesen. Ich habe nie einen Wolf gesehen!«

»Ja, Krakau. Mensch, das ist 'ne Großstadt, da kommen natürlich keine Wölfe hin.«

Der Heizer der Nachtschicht, ein noch ziemlich junger Bursche, hatte unser Gespräch gehört und mischte sich ein:

»Doch Karl, das mit den Wölfen stimmt. Mich hat ein Wolf, als ich aus dem Fenster guckte, angesprungen.«

»Red' kein Blech! Die Sache ist sehr ernst,« antwortete ich ihm und wandte mich wieder an Karl:

»Karl, paß auf, folgende Lage: Du muß den Zug schützen. Du mußt runter von Deinem Bremsturm und die Knallkapseln auslegen. Unten sind die Wölfe, die Dich fressen werden und von hinten kommt der nächste Zug und knallt bei Dir drauf!«

Mit dieser Aussage erinnerte ich Karl an den Sommer, als wir wegen eines Lokschadens vor Siedlce den Zug hatten schützen müssen.

(Für den Nichteisenbahner zur Erklärung: Mit Knallkapseln wurde ein stehender Zug vor Auffahrunfällen geschützt. 1000 Meter hinter dem letzten Wagen mußten drei Knallkapseln im Abstand von je 25 Metern auf die rechte Schiene gelegt werden. Rollte nun ein Zug darüber, knallte es und dem Lokführer wurde damit signalisiert, daß er wegen eines Hindernisses im Gleis sofort anzuhalten hatte.)

Nun war Karl doch sehr unsicher geworden und wandte sich hilfesuchend an unseren neuen Wagenmeister Erich Hoppe. Aber Erich spielte mit. Wir alle amüsierten uns köstlich über Karls verängstigtes Gebahren.

Auch der Lotse bestätigte, daß es Wölfe in Polen gebe. Im Winter seien sie besonders frech.

Schließlich schlug auch der sowjetische Grenzoffizier in die gleiche Kerbe: In einer Stadt in Sibirien seien die Wölfe so unverschämt, daß sie mitten in die Stadt kämen. Die Schulkinder müßten mit Flinten zur Schule gehen, weil die Wölfe bis in die Siedlung hineinkämen.

Karl war nun völlig kleinlaut geworden.

Als wir schließlich auf der Rückfahrt waren, setzten wir zum »finale furioso« an. Bei einem Unterwegshalt gingen der Lokführer und ich den Zug ab und kontrollierten auf feste Bremsen. Als wir in die Nähe des letzten Wagens kamen, schlichen wir uns an ihn heran und erhoben an seinen fest verschlossenen Türen ein tolles Wolfsgeheul, oder zumindest das, was wir eben dafür hielten. Wir hatten ja auch noch kein Wolfsgeheul gehört. Dann rissen wir die Bremshaustüren auf und schrien laut:

»Karl, die Wölfe!«

Ob er sich vor Angst in die Hosen gemacht hat, ist mir nicht bekannt – wir jedenfalls sonnten uns im Glanz unserer kindischen Tat...

Karl war sechs Jahre bei der Reichswehr gewesen, und ich fragte ihn, wie er denn mit dem dort herrschenden »Schliff« überhaupt zurecht gekommen sei. Seine Antwort paßte irgendwie zu dem Bild, das wir von ihm hatten.

»Ganz einfach. Ich ging nie weg und hatte darum immer Geld. Dann kamen die Herren Feldwebel und Unteroffiziere, borgten sich bei mir Geld und vergaßen, es zurückzugeben. So bekam ich immer die besten

Druckposten. Nachher fuhr ich die Kompaniekutsche und kutschierte oft des Hauptmanns Töchterlein spazieren.«

Auch so konnte man Wehrdienst leisten.

Sieben Tage vor Schluß des Krieges bekam Karl noch einen Einberufungsbefehl. Die sowjetischen Truppen waren schon in Berlin. S-Bahnen fuhren nicht mehr, also marschierte er zu Fuß quer durch Berlin bis zum Reichssportfeld. Sieben Tage war er Soldat, dafür ging er vier Jahre in Gefangenschaft.

»Du deutsches Schwein«

Georg hieß ein neuer Lokführer bei der Brigade. Er war ein lustiger Bayer und wurde natürlich nur »Schorsch« gerufen.

Es war Herbst. Ich hatte geschlafen und trat zum Frühdienst an. Als das Lokpersonal und der Schaffner vom Nachtdienst in den Wagen kamen, gab es ein großes Hallo. Der Schaffner fragte, was denn dem Kartoffelbauer gefehlt habe, der ihm unterwegs mit der geballten Faust gedroht hätte.

»Ach,« antwortete Schorsch, »dieser Bazi hat zu mir heraufgerufen: »Du deutsches Schwein!« Und da habe ich nur kurz die Zylinderhähne aufgemacht und da sind die Gäule natürlich durchgegangen und haben den vollen Kartoffelwagen umgeworfen.«

Anfang der fünfziger Jahre bestand eigentlich keine Feinschaft mehr zwischen Deutschen und Polen. Ein paar Jahre zuvor war das mitunter noch etwas anders und man konnte immer wieder auf Ressentiments stoßen. Als ich 1948 als Schaffner bei den Transitbrigaden fuhr, wurde mir einmal, als ich hinten von meinem Bremsturm auf die Strecke blickte, von einem jungen Rottenarbeiter nachgerufen:

»Deutschland, Deutschland über alles, zwei Kartoffeln, das ist alles!«

Doch ich lachte nur und winkte ihm zu, um ihm klarzumachen, daß ich mich über seinen Zuruf nicht ärgerte.

Der Kleptomane

Im Jahre 1952 war die Grenz- und Zollkontrolle nur noch in Kunersdorf. Die Grenzsoldaten nahmen sich die Freiheit, oder besser Frechheit, auch »nach Schmuggel zu suchen«. Dabei wollten sie eigentlich nur »organisieren«. Eines Tage stand ich neben meinem Schrank, während ein Grenzer diesen durchsuchte. Hinterher stellte ich fest, daß mein Füllfederhalter gestohlen worden war. Ich habe an und für sich ein schlechtes Personengedächtnis – aber dieses Gesicht hatte ich nicht vergessen.

Bei der nächsten Heimfahrt kam er wieder in den Wagen herein. Als ich ihn sah, rief ich im Beisein des Grenzoffiziers in das Wageninnere:

»Achtung, hier kommt wieder der Kleptomane! Paßt ganz genau auf Eure Sachen auf, guckt überall genau hin, wohin er mit seinen Händen geht. Der Halunke klaut wie ein Rabe!«

Wieder ging er zuerst zu meinem Schrank, und wieder fingerte er in meinen Sachen herum. Ich jedoch hielt meine Augen ganz dicht an seinen Fingern wie ein altes kurzsichtiges Weib, so daß es ihm unmöglich war, zu stehlen. Er ließ dann auch sehr schnell ab von seiner Fummelei und ging auch nicht mehr zu den anderen Schränken.

Ich nehme an, daß der Offizier Deutsch verstand und mein Rufen verstanden hatte. Vielleicht hatte sich auch endlich einmal eine Brigade beschwert. Jedenfalls kam bei der nächsten Fahrt nur noch der Grenzoffizier allein zur Personalkontrolle in den Wagen. Seine Leute standen jetzt draußen und untersuchten den Zug nach »blinden Passagieren«.

Der Artist von Preußisch Eylau

Ein einziges Mal fuhren wir auf der Küstrin – Gerdauener Strecke nicht nach Gerdauen, sondern wurden nach Preußisch Eylau über Bartenstein umgelenkt. Ab Preußisch Eylau geht die Strecke mit Breitspur weiter bis Kaliningrad (Königsberg).

Zurück hatten wir einen Leerzug mit 60 O- und Om-Wagen. Die O-Wagen hatten niedrige Bordwände, weil sie nur ein Ladegewicht von 15 Tonnen hatten. Die Om-Wagen hatten ein Ladegewicht von 20 Tonnen. An der Grenze lag das Gleis in einer Rechtskurve, so daß wir den ganzen Zug überblicken konnten. Natürlich sahen wir aus dem Fenster, um zu sehen, was sich bei der Kontrolle tat.

Eine Brücke, um von oben in jeden Wagen sehen zu können, war nicht vorhanden. Um nun feststellen zu können, ob nicht doch in einem Wagen »Mann drin!« war, hätte der Grenzer dreißig Mal jeweils zwischen zwei Wagen nach oben steigen müssen, um hinein sehen zu können.

Aber er machte das einfacher: Er kletterte auf die Bordwand des letzten Wagens, lief wie ein Seiltänzer auf der schmalen Kante der Seitenwand entlang und sprang dann auf den nächsten Wagen. Mit nachtwandlerischer Sicherheit machte er das, ganz egal, ob von einer hohen Bordkante auf die niedrigere oder von einer niedrigen wieder auf die hohe Kante. War das Geländer eines Bremsturms dazwischen, sprang er darauf und dann wieder auf die Bordkante.

Wir lagen also in den Fenstern und warteten darauf, daß er einmal vorbeitreten würde. Aber er trat nicht vorbei, sondern kam bis zu uns ohne Fehltritt. Als er nun in unseren Wagen trat, gab es für ihn lautstarken Beifall und den Ruf:

»Bravo Artist!«

Er aber winkte nur ab und sagte:

»Nitschewe!«

Mit dieser Einlage endete meine Zeit bei den Transitbrigaden. Ab 1952 bewegte ich mich von Pasewalk aus wieder auf heimischen Gleisen. Doch auch dort gab es manches zu erleben.

46
112
320

Pasewalker Geschichten

»Rotes Licht vom Waldesrand!«

1952 ließ ich mich von Wittenberge nach Pasewalk versetzen. Meine Brigadezeit war damit beendet. Die Dienststelle in Pasewalk war für mich ein Glücksgriff. Von Anfang an kam ich bestens mit meinen Kollegen aus.

Beim Zugpersonal gab es einen vorzüglichen Stamm von Rangierschaffnern. Der erste, mit dem ich es zu tun bekam, war Richard Hofmann, ein Choleriker erster Güte. Die Kollegen »zogen« ihn gerne auf, um ihn in Rage zu bringen und amüsierten sich dann über seine lautstarken Tobsuchtsanfälle. Seine Dienstauffassung ließ mitunter zu wünschen übrig. In Durchgangszügen fuhr er in der Regel als Zugsicherer (Schlußschaffner).

Einmal geschah es, daß er nachts in seinem Bremsturm selig geschlafen hatte.

Am Einfahrsignal von Wilmersdorf mußte der Zug halten. Durch das Bremsen wachte Richard auf. Er schreckte aus seinem Schlummer hoch, dachte, es sei schon Angermünde und nahm die Zugschlußlaternen ab. Doch just in diesem Moment ging das Signal auf Fahrt, der Zug ruckte an und fuhr ohne Richard los. Auch die Zugschlußsignale blieben natürlich zurück, denn Schaffner Richard hatte beide Laternen noch in der Hand.

Der Fahrdienstleiter rief seinen Kollegen in Greifenberg sofort an und meldete den Zug:

»Zug ohne Schluß!«

Dann sah er die sich nähernden Laternen, Richard hatte sich auf den Weg gemacht und trottete hinter dem Zug her. Er berichtigte seine Meldung:

»Nein, rotes Licht nähert sich vom Waldesrand.«

Schon bald wurde daraus ein geflügeltes Wort – Mit kaum einem Ausspruch konnte man Richard mehr »auf die Palme bringen«. So erlebte ich eines Tages in der Angermünder Zugabfertigung, wie Richard mit diesem Satz begrüßt wurde. Kaum war er eingetreten, scholl ihm aus den Kehlen der Kollegen »uni sono« entgegen:

»Rotes Licht nähert sich vom Waldesrand!«

Richard war sofort auf »Hundertachtzig«.

»Zugführer, ich bin nervös, ich kann nicht mehr fahren, ich brauche Ablösung!« schrie er. Dann verließ er den Raum.

Ich hatte von seinem Geniestreich bis dahin noch nichts gehört, daher fragte ich die Kollegen nach seinem seltsamen Verhalten. Da erzählten sie mir die Geschichte und auch ich konnte nun nicht anders: wir lachten alle herzlich. Da ich nun wußte, wie ich sein Gezeter zu nehmen hatte, machte ich mir nichts aus seinem Wunsch nach Ablösung. Es war aber auch gar nicht mehr nötig, denn als echter Choleriker war Richard zwar leicht »entflammbar«, aber genauso schnell war das Feuer auch wieder vorbei. Und so hatte er sich bei der Abfahrt schon längst ausgetobt und fuhr natürlich mit, ohne noch ein Wort dazu zu sagen.

In Züssow habe ich ihn einmal »versetzt«, aber daran war er selber schuld. Wir fuhren einen Durchgangsgüterzug nach Stralsund und hatten Zuggruppen für Anklam, Züssow und Greifswald. Die betreffende Gruppe wurde jeweils an ihrem Zielbahnhof abgehängt, der restliche Zug fuhr danach weiter. In Züssow wurde die Gruppe mit dem ganzen Zug in ein Ausziehgleis zurückgedrückt. Richard steckte seine Schlußsignale um, danach fuhr der Zug wieder vor bis zum Ausfahrsignal. Wir warteten noch eine Kreuzung ab und fuhren dann weiter.

In Greifswald sollte ich an den Fernsprecher kommen. Ich tat, wie mir geheißen und staunte nicht schlecht, als mir Richards Stimme aus dem Hörer entgegenklang:

»Hier ist Rangierschaffner Hofmann in Züssow, jawohl, in Züssow!«

Der Zug war wieder einmal ohne ihn weitergefahren. Was war nun dieses Mal passiert? Nun, Richard hatte ordnungsgemäß die Laternen umgesteckt, aber dann hatte er bemerkt, daß er seine Tasche im vorherigen Bremsturm gelassen hatte. Also war er zurückgelaufen, um sie zu holen. Wir hatten unterdessen wieder vorgezogen, und da keiner von uns von Richards »Extratour« wußte, hatten wir nach der Zugkreuzung auch nicht gewartet – wir dachten vielmehr, daß er im Bremserhäuschen säße, wie sich das gehört.

Unsere Rückleistung war der sogenannte »Millionenzug«. Dieser nahm in Miltzow die ersten Wagen auf, und dort sammelten wir auch unseren »verlorenen Sohn« wieder ein, der im Übrigen ausnahmsweise einmal ganz kleinlaut war und zugab, daß das Malheur wohl durch ihn selbst verschuldet sei. Wir nickten weise ob seiner Einsicht.

»Millionenzug« nannte man den Zug übrigens deswegen, weil bei ihm das Kilometergeld besonders hoch war. Damals wurde das Fahrgeld nach Achsen berechnet. Die Strecke betrug 108 Kilometer und der Zug lief in Pasewalk immer ausgelastet, das heißt, mit 120 Achsen, ein. Da kam dann schon etwas zusammen, wenngleich die Millionen wohl eher dem Wunschdenken entsprangen.

Richards laxe Dienstauffassung war bei uns sprichwörtlich. Hatte er dadurch wieder einmal einen »Bock« geschossen, pflegte er sich auf der Dienststelle mit Flunkern, mitunter auch faustdicken Lügengeschichten, herauszureden. In dieser Disziplin hatte er es zu einer gewissen Meisterschaft gebracht und er war sich dessen auch bewußt:

»Ich habe bei der Bahn noch nie die Wahrheit gesagt!«, lautete seine Devise.

Beim Rangieren auf Unterwegsbahnhöfen fuhr er selten grenzzeichenfrei. Immer wieder wiesen wir ihn darauf hin, daß er doch vorschriftsmäßig arbeiten solle. Doch wer nicht hören will...

In Grambow holte er sich aus diesem Grunde eine Verletzung, doch er hatte Glück und die Wunde verheilte gut. Nun, mittlerweile sind Richard Hofmanns »Eskapaden« ebenso verjährt, wie die Erlebnisse von drei weiteren Kollegen, die ich nun vorstellen möchte. Alle drei sind schon lange tot, doch bei den älteren Kollegen sind sie noch in guter Erinnerung.

Rangierschaffner »Münchhausen«

Albert Bartsch war ein sehr guter Rangierschaffner und machte seine Arbeit hervorragend. Er hatte eine überreichlich blühende Phantasie und er ließ uns alle daran teilhaben. Stets erzählte er uns die tollsten Geschichten und erwartete, daß wir ihm seine »Erlebnisse« glaubten. Wir gaben ihm daher den Beinamen »Münchhausen«. Er wußte das, allerdings hörte er seinen Spitznamen gar nicht gerne.

Eines Tages erzählte ich ihm eine ganz besonders »abgedrehte« Geschichte. Zwar weiß ich nicht mehr, welchen Inhaltes sie war, aber es war eine Episode, die ich selbst tatsächlich erlebt hatte – und es war eine Geschichte, die nur ich erlebt haben konnte.

Drei Wochen später setzte Albert wieder einmal zur »Märchenstunde« an. Da seine Münchhausiaden oft recht unterhaltsam waren, hörte ich ihm zu. Doch was bekam ich da zu hören? Es war meine eigene Geschichte, die er erzählte, freilich mit einer anderen Hauptperson. Immerhin wußte ich jetzt, woher er den Stoff für seine Abenteuererzählungen nahm. Ich ließ ihn eine Weile »zappeln«, dann unterbrach ich ihn:

»Albert, nun hör' aber auf. Diese Geschichte habe ich erlebt.«

Oh je, das war ihm ja nun doch eher unangenehm. Da hatte er im Eifer des Gefechts tatsächlich nicht achtgegeben. So kamen wir in den seltenen Genuß, Münchhausen für den Rest des Tages schweigend genießen zu dürfen.

Seine Lügengeschichten stießen übrigens nicht überall auf Wohlwollen. Einmal wurde er deswegen sogar heftig angegangen, obwohl er zu dem Zeitpunkt gar nicht anwesend war. Da fühlte ich mich dann doch berufen, für ihn eine Lanze zu brechen:

»Nun laßt mal den Albert zufrieden. Er hat eben eine blühende Phantasie. Jede seiner Geschichten hat gewiß irgendwo bei ihm oder anderen einen wahren

Kern, sein »Pech« ist nur, daß er behauptet, alles sei wahr.«

Im Übrigen hat er mit seinen Geschichten ja niemandem geschadet, im Gegenteil, er hat uns oft prächtig unterhalten. Und schließlich blieb es ja jedem selbst überlassen, ob er ihm glaubte oder nicht.

Der »schöne Benno«

Benno Tänzer war ein gewaltiger Casanova. Eigentlich war er ebenfalls Rangierschaffner, aber er widmete seine Kräfte zumeist weniger der Eisenbahn als vielmehr dem schönen Geschlecht. Für das Abstoßen und Ablaufenlassen von Wagen hatte er überhaupt kein Fingerspitzengefühl, für die holde Weiblichkeit schon. In Nechlin hatte er einmal einen Wagen derart toll abgestoßen, daß dieser mit »Karacho« in das Ladestraßengleis hineinfegte und beide Hemmschuhe in hohem Bogen davonflogen. Unbeirrt rauschte der Wagen dann bis zum anderen Bahnhofsende und sprang dort schließlich mit beiden Achsen über den »Hund«, wie wir die Gleissperre nannten.

Bennos »Domäne« waren allerdings die Reisezüge. Wenn er mit einem Zug nach Berlin fuhr, machte er sich »stadtfein«: er trug dann zur Uniform ein weißes Hemd, was damals noch sehr »extraordinaire« war, und er trug Lackschuhe an den Füßen.

Ich erlebte ihn einmal in der Aufsicht bei den Vorbereitungen zum Dienst auf dem mittäglichen Personenzug nach Ueckermünde. Die Aufsicht führte unsere Kollegin Ursula Juny. Benno war bereits eingekleidet, nun holte er aus seiner Tasche ein Fläschchen mit Parfüm und besprengte seine Jacke damit. Kollegin Ursula war allerdings damit nicht zu beeindrucken, im Gegenteil:

»Ich habe ja schon allerlei Kollegen kennengelernt, aber so einen Fatzke wie Sie sah ich noch nicht!«

Benno allerdings gab sich betont selbstbewußt wie immer. Immer, wenn er kritisiert oder veralbert wurde, legte er eine »würdevolle Arroganz« an den Tag und pflegte stets zu sagen:

»Du hast ja keine Ahnung!«

So antwortete er auch dieses Mal und kümmerte sich ansonsten nicht weiter um den Vorwurf. Ich ging schließlich nach oben in unseren Aufenthaltsraum, Kurze Zeit später kam Benno hinterher. Als ich erblickte, rief ich aus:

»Da kommt der schöne Benno!«

Da strahlte unser Benno und freute sich über mein Kompliment – der Hintersinn meiner Worte blieb seinem gar zu sehr auf äußere Reize fixierten Gemüt verborgen. Alle anderen hingegen hörten die Botschaft wohl und verstanden die Ironie, zumal Bennos Schönheit eher im Verborgenen blühen mußte, denn ein Adonis war er nicht.

Von dieser Stunde an war er der »schöne Benno« und er blieb es – zu seiner und zu unserer Freude.

Lackschuh-Emil

Für eine längere Zeit fuhr ich mit dem Rangierschaffner Emil zusammen. Wegen seiner Fußbekleidung nannten wir ihn »Lackschuh-Emil«. Ihm klebte offenbar das Pech an den Händen, denn was er auch anpackte, es ging irgendwie schief. Dabei hatte er in aller Regel Glück, denn obwohl er sich zumeist ziemlich »dusselig« anstellte, ist nichts Ernstes passiert. Der zweite Schaffner, der damals als Zugsicherer mitfuhr, war ebenfalls keine große Leuchte.

Einmal rangierten wir nachmittags in Jatznick. Die Lok fuhr auf dem Hinweg immer mit dem Tender voran. Der Heizer döste und wir stießen mit einem S-Wagen (= zweiachsiger Plattformwagen ohne Seitenwände) voll dünner Rohre gegen den bereitstehenden Zug. Die Ladung wurde durch den Aufprall tüchtig verschoben. Nun wollten wir die Ladung wieder zurechtdrücken. Dazu nahmen wir einen Grubenholzstempel und ein starkes Brett. Emil hielt den Stempel und wir drückten Lage für Lage wieder in die richtige Lage. Bei der letzten Drückerei sprang der Stempel weg. Seines Arbeitsgerätes beraubt, schritt Emil aufrecht zwischen den Puffern aus dem Gleis. Unmittelbar hinter ihm rumste es: die Puffer der beiden Wagen stießen aufeinander. Ich schrie ihn an:

»Mensch Emil, jetzt hätten sie Dich beinahe tot gefahren!«

Emil schien sich dessen gar nicht so recht bewußt zu sein, denn er antwortete in stoischer Ruhe:

»Ist ja nichts passiert!«

Sein Fatalismus ließ meine Beine zittern. Auf der Rückfahrt mit dem N 8484 (alte Zugnummer) sollten wir in Gumnitz eine Reihe leerer Sechsachser übernehmen. Die Wagen sollten in Torgelow wieder abgehängt werden, daher hängten wir die Wagen am Zugschluß an. Wir machten die Bremsprobe: Emil wiederholte alle Signale und gab schließlich das Signal »Bremsen in

Ordnung«. Erst in Torgelow stellten wir fest, daß er die Lufthähne gar nicht geöffnet hatte! Die ganze Fahrt über waren die Sechsachser ungebremst – nicht auszudenken, was da hätte passieren können.

Nach diesem Erlebnis hatte ich genug: Ich wurde bei der Dienststellenleitung vorstellig und verlangte, daß man Emil aus dem Zugbegleitdienst herausnehme. Ich brauche wohl nicht zu sagen, daß die meisten meiner Kollegen meinen Alleingang nicht guthießen. Wie in allen Berufsständen galt auch bei uns, daß Kollegen einander nicht »anschwärzen«. Doch in diesem Fall saß mein Schreck zu tief.

Die Dienststellenleitung schloß sich meinen Ausführungen an. Sie schickte Emil zum Betriebsarzt und der schrieb ihn betriebsdienstuntauglich. So hatte er wenigstens einen halbwegs ehrenvollen Abgang.

Schaffner Hermann Bochow

Ebenfalls eine längere Zeit fuhr ich mit dem Zugsicherer Hermann Bochow. Er war sehr zuverlässig und paßte stets ganz genau auf, daß der Zugführer ja nicht eine einzige Achse aufzuschreiben vergaß. Schließlich war das Fahrgeld für die Zugbegleitpersonale ein Achskilometergeld.

Es gab für die Durchgangsgüterzüge sieben, für die Nahgüterzüge ohne Kurswagen 24 und für die Mitführung eines Kurswagens 28 Pfennige pro Achse mal Kilometer.

Nun gab es damals noch dreiachsige Güterwagen und die waren Hermanns Spezialität. Da die dritte Achse von Zugführern häufig übersehen wurde, andererseits aber wie gesagt jede Achse quasi bares Geld bedeutete, pflegte er darauf immer besonders zu achten.

Ich hatte gerade meinen Zug aufgeschrieben, als Hermann zu mir trat und fragte:

»Zugführer, wieviel Achsen haben wir?«

Ich: »122!«

Er: »Das stimmt nicht!«

Ich: »Doch Hermann, das stimmt!«

Er: »Das stimmt nicht!«

Und ich wußte natürlich, worauf er hinauswollte. Er hatte gesehen, daß im Zug ein Dreiachser war, daher störte er sich an der Zahl 122, denn mit einem Dreiachser konnte ja keine gerade Zahl an Achsen herauskommen. Dachte er... Ich wußte es besser, machte mir aber den Spaß, ihn noch ein wenig zappeln zu lassen.

Ich: »Hermann, das stimmt doch!«

Er: »Nein, wir haben einen Dreiachser im Zug!«

Ich: »Nein Hermann, das stimmt nicht!«

Er, nun schon leicht böse: »Ich habe ihn doch gesehen.«

Nun spielte ich lächelnd meinen Trumpf aus:

»Nein Hermann, wir haben nicht einen Dreiachser im Zug, sondern zwei!«

Er hat mich nie mehr nach der Achsenzahl gefragt.

Einige Zeit später erlitt er auf dem Bahnhof Löcknitz einen Schlaganfall. Ihm zu Ehren nannte ich einen Dreiachser in Zukunft den »Hermann-Bochow-Gedächtniswagen«.

Feuer im Zug

Gemeinsam mit Schaffner Arnold Müller fuhr ich eines nachts einen Durchgangszug von Pasewalk nach Stralsund. Im vorderen Zugdrittel lief ein Sls, der mit Preßstroh beladen war. Es herrschte Sturm aus westlicher Richtung. In Borckenfriede war Zugkreuzung, im Kreuzungsgleis stand ein Durchgangsgüterzug aus Stralsund. Der Sturm jagte aus der Esse der braunkohlegefeuerten Lok einen regelrechten Funkenregen heraus.

Wir fuhren durch den Bahnhof und dan ging es wieder auf die freie Strecke. Zwischen Borckenfriede und Ducherow sahen wir, daß der Preßstrohwagen lichterloh brannte – offenbar hatte der kurze Moment der Zugbegegnung genügt, Funken von der Lok des Gegenzuges in das Stroh zu blasen. Das Anfachen des Feuers vollzog sich bei dem herrschenden Sturm dann natürlich in Windeseile.

Arnold Müller zog die Notbremse, und der Zug kam umgehend zum Stehen. Dann rannte er bis zu dem brennenden Wagen. Der Wind blies die Flammen nach Osten zu, dadurch konnte er ungefährdet den Rest des Zuges abhängen. Ohne Zögern fuhren wir mit dem brennenden Wagen weiter nach Ducherow in den Bahnhof.

Den Tüchtigen hilft das Glück: Die örtliche Feuerwehr hatte zufällig gerade eine Vergnügungsveranstaltung und war daher kurze Zeit später zu Stelle. Während die Feuerwehr ihrer Arbeit nachging, fuhren wir über das Ladegleis in guter Entfernung von der »Fackel« vorbei und holten den übrigen Zugteil in den Bahnhof herein. Als wir zurückkamen, hatten die Floriansjünger den Wagen notdürftig abgelöscht, so daß wir ihn wieder aufnehmen und in die Ladestraße absetzen konnten. Dort brannte er dann aber restlos aus. Als alles vorbei war, kam der Feuerwehrchef auf mich zu und machte mir Vorhaltungen. Ich hätte den Wagen auf der Strecke lassen sollen, unser Verhalten sei sehr leichtsinnig gewesen.

Ich war allerdings anderer Meinung. Erstens wäre dort der Weg zur Brandstelle nur ein nasser Wiesenweg gewesen und Wasser hätten die Feuerwehrleute auch dort nicht so schnell bekommen. Und zweitens hätte die Löschaktion auf der Strecke den Bahnbetrieb in erheblichem Maße beeinträchtigt. So aber war der brennende Wagen von der Strecke herunter, und die Streckensperrung konnte in der nach kurzer Zeit wieder aufgehoben werden.

Wie ich meinen Spitznamen bekam

Namen sind Schall und Rauch, sagt der Volksmund. Für Spitznamen gilt das nicht, möchte ich ergänzen. Meist dauert es eine Weile, bis man einen hat, aber als »Ausgleich« bekommt man ihn in der Regel ein Leben lang nicht mehr los. Auch ich kam eines Tages in den »Genuß« eines solchen Spitznamens und das kam so:

An einem Morgen war ich auf dem Weg von der Bahnsteigaufsicht zum Zugpersonalaufenthaltsraum. Gerade hatte der Schnellzug D 510 Ausfahrt erhalten und fuhr an. Auch wenn man schon jahrelang als Eisenbahner tätig ist, ist ein anfahrender Zug doch immer wieder ein Erlebnis und so nahm ich mir die Zeit, blieb stehen und sah der Ausfahrt zu. Der Zug wurde immer schneller, bald nahte der letzte Wagen.

Als er an mir vorbeifuhr, sah ich, daß seine Räder sich nicht drehten. Die Bremsklötze hatten sich nicht von den Laufflächen der Räder gelöst und der Wagen »schlitterte« nun. Um die Lok noch zum Anhalten zu bewegen, war es zu spät. Der Wagen rutschte vorüber. Jetzt blieb nur noch eines: Ich rannte, her so schnell ich konnte, hinter dem Zug her. Es glückte, ich erreichte ihn noch, sprang ins Gleis und riß den Luftabsperrhahn des davonfahrenden Wagens herunter. Ein Zischen, die Luft entwich und der Zug hielt durch die Schnellbremsung sofort an.

Jetzt löste ich die Bremse aus, signalisierte dem Lokführer, der natürlich nach hinten sah, »Anlegen«, dann »Lösen«.

Dieses Mal lösten sich die Klötze, also zeigte ich »Bremsen in Ordnung«. Dann winkte ich dem Lokführer zu, daß er weiterfahren könne.

Nun hatten auch einige meiner Kollegen vom Aufenthaltsraum aus dem abfahrenden Zug zugesehen. Natürlich war Ihnen mein Sprint nicht verborgen geblieben. Und so empfing mich einer von Ihnen, kaum daß ich eingetreten war, mit den Worten:

»Du bist ja losgebraust wie so ein Düsenjäger!«

So schnell kann es gehen – fortan hörte ich den »Düsenjäger« von allen Seiten. Wie gesagt: Spitznamen bekommt man ein Leben lang nicht mehr los.

Lokführer Villmann senior

Mit Zugschaffner Sorgatz übernahm ich einen Dg nach Neubrandenburg. Wie schon mehrfach erwähnt, gab es für das Fahrgeld verschiedene Berechnungsgrundlagen.

Die Lokführer erhielten ihr Fahrgeld je nach den beförderten Tonnen. Daher übernahmen sie gerne jede Last, auch die sogenannten Schwerlastzüge. Dabei nahmen sie es auch in Kauf, gegebenenfalls Fahrzeit zuzusetzen, wenn beispielsweise der Zug schwerer war, als eigentlich erlaubt. Gerne wurden beide Augen zugedrückt, wenn ein Zug Übergewicht hatte – der ökonomische Nutzen war unverkennbar.

Aber keine Regel ohne Ausnahme: Es war ein kalter Wintertag. Dickes Glatteis machte das Aufschreiben der Wagen an diesem Tag zu einer Tortur. Meter für Meter rutschte ich den Zug entlang nach vorne. Endlich war es geschafft. Ich rechnete zusammen. Die Buchfahrplanlast betrug nach Neubrandenburg für die Loks der BR 1200 Tonnen, für die BR 52 nur 1100 Tonnen. Auf dem Abschnitt

Pasewalk – Kreckow gab es zum Teil erhebliche Steigungen, dann ging es teilweise stark wieder bergab.

Ich überreichte dem Lokführer, Villmann war sein Name, den Bremszettel und sagte:

»...Achsen und 1 295 Tonnen.«

Er erwiderte energisch:

»Zuviel, abhängen!!«

»Na Meister, die paar Tonnen machen Ihnen doch nichts aus!«

»Ich habe gesagt, abhängen!!!«

Was blieb mir anderes übrig? Drei Wagen mußten abgehängt werden, um auf die Buchfahrplanlast zu kommen. Ich rutschte mit viel Zorn im Bauch wie ein Anfänger im Schlittschuhlauf wieder nach hinten, hängte selber noch die drei Wagen ab und verständigte Walter Sorgatz, daß er den Zugschluß umstecke. Dann verständigte ich den Fahrdienstleiter, daß drei Wagen stehen blieben. Zu mir selbst sagte ich, auf den Lokführer gemünzt:

»Alter Freund, wenn Du aber jetzt nicht pünktlich fährst, brate ich Dir im Fahrtbericht einen über, daß Du noch an mich denken wirst.«

Aber er fuhr wie »ein junger Gott« und so war ich zunächst einmal zufrieden, daß er sogar noch drei Minuten Fahrzeit herausholte.

Doch die Sache war noch nicht zu Ende. Mein Zorn auf ihn war nämlich noch keineswegs verraucht, obwohl er eigentlich ja recht hatte. Aber ich hätte ihm eben doch gar zu gerne noch etwas zurückgegeben.

Nun liefen damals in vielen Zügen sogenannte 00-Wagen. Hinter dieser Bezeichnung verbargen sich von der Sowjetunion zurückgekommene Wagen. Die SU hatte nach dem Krieg zahlreiche Güterwagen als

Reparationsgut beschlagnahmt. Um sie in Rußland einsetzen zu können, mußten sie umgespurt werden. So ohne weiteres ging das nur bei Wagen, die mit einem eingerahmten großen »E« gekennzeichnet waren.

Die übrigen Wagen hatten Achshalter, die ein Umspuren nicht gestatteten. Aber die Russen, schon immer Meister im Improvisieren, wußten sich zu helfen. Die älteren Wagen hatten Achshalter mit dünnerem Material, das aber zur Verstärkung vorne und hinten bis dicht an die Felge umgebogen war. Die sowjetischen Eisenbahner schweißten nun einfach in Höhe der Felgen einen Bogen heraus, dann paßte die die Breitspurachse.

Anfang der fünfziger Jahre wurden die alten deutschen Güterwagen an die DR zurückgegeben. In der DDR liefen diese Wagen noch einige Zeit, bis sie ausgemustert werden konnten. Diese Wagen durften nur 55 km/h laufen, was auch dem Buchfahrplan entsprach. Die Wagen wurden nach der damaligen Numerierung statt der Gattungsnummer mit dem Zeichen 00 gekennzeichnet, damit man sofort erkannte, daß das ein aus der SU zurückgekehrter Güterwagen war. Mittlerweile hatten wir Kreckow verlassen. Hier begannen nun die Gefälleabschnitte und wir jagten förmlich bergab. Mein Bremsturm schaukelte noch verrückter als zuvor.

Jetzt hatte ich die Chance, dem Lokführer ein paar Takte zu sagen. Ich zog die Uhr und errechnete die Höchstgeschwindigkeit mittels der Kilometersteine. Wir fuhren mit 75 Stundenkilometern! Das waren 20 Stundenkilometer mehr, als es der Buchfahrplan erlaubte. Zugegeben, normalerweise sahen wir Zugpersonale das nicht so eng, wir waren ja immer froh, wenn alles rollte. Aber es war dem Lokführer verboten, die im

Buchfahrplan angegebene kürzeste Fahrzeit zu unterschreiten.

In Sponholz, dem letzten Kreuzungsbahnhof vor Neubrandenburg, ging es wegen einer Kreuzung auf die »Seite«. Nun schlitterte ich von meinem Bremsturm die paar Wagenlängen zum Lokführer, der aus dem Fenster sah:

»Meister, wir wollen doch die kürzeste Fahrzeit nicht unterschreiten?«

Er meinte großspurig:

»Wie wollen Sie denn das feststellen?«

Ich erwiderte erhaben:

»Nach Sekundenzeiger und Kilometersteinen.«

Er fragte:

»Können Sie denn das ausrechnen?«

»Stellen Sie sich mal vor, ich habe das Rechnen schon in der Schule gelernt!«

Nun guckte er erst einmal nach innen und sah nach, ob er überhaupt einen Tachometer hatte. Dann sagte er zu mir:

»Mein Tachometer ist maßgebend!«

Ich aber behielt das letzte Wort:

»Das spielt alles keine Rolle. Wir haben 00-Wagen im Zug und wie Sie sicher wissen, dürfen die nur 55 Stundenkilometer laufen. Ich habe den Regler nicht in der Hand, aber Sie!«

Oha, das hatte gesessen. »Rumms«, war das Fenster zu, und er würdigte mich keines Blickes mehr. Ich aber war meinen Zorn los.

Etwas später fuhr ich wieder mit einem Lokführer Villmann, einem noch jungen, aber erfahrenen Führer. Er war ein lustiges Haus und immer zu allerlei Allotria aufgelegt. Ihn fragte ich sofort, ob er mit dem anderen

Villmann verwandt sei. Das sei sein Vater, sagte er mir. Nun erzählte ich ihm die Geschichte. Er kannte sie schon: Der Vater hatte sie tatsächlich seinem Sohn erzählt und gemeint, dass es das erste Mal gewesen sei, daß ihn ein Zugführer darauf aufmerksam gemacht hätte, nicht die kürzeste Fahrzeit zu unterschreiten.

Den Sohn klärte ich nun über die wahren Hintergründe auf. Tatsächlich wollte ich einfach dem Villmann senior eins »auswischen« – 00-Wagen hatte ich seinerzeit gar keine im Zug gehabt.

Ein trauriger Heiligabend

Es war Heiligabend und wir hatten die Tour Pankow – Wuhlheide – Pasewalk. Dienstschluß war am Nachmittag, die Fuhre war also ein idealer Heiligabenddienst. Die Abfahrt von Wuhlheide war planmäßig, keine Störung, keine außerplanmäßige Kreuzung oder Überholung. Der Zug rollte und das Lokpersonal tat das Seine, um pünktlich zu Hause zu sein.

Dann Eberswalde: Halt!

Die Aufsicht teilte uns mit:

»Schienenbruch, zwischen Eberswalde und Britz ist die Strecke unbefahrbar!«

Da hatten wir den Salat!

Ein Eilgüterzug, der ebenfalls unterwegs war, wurde über den Abzweig Forsthaus umgeleitet. Wir aber mußten warten.

Endlich, nach langen Stunden, ging es weiter. Aber jetzt war natürlich alles durcheinander und eine außerplanmäßige Kreuzung jagte die nächste. Zu Hause warteten Frau und Töchter auf den Papa – vergebens!

Schließlich bescherten sie einander ohne ihn. Endlich, nach 23 Uhr, kam ich müde und traurig nach Hause.

Eisenbahner, ein Traumberuf?

Ich bin tot

Einmal im Monat hatte jede Schichtbrigade Dienstunterricht. Dieser fand in der damaligen Baracke vor dem Bahnhofsgebäude statt. Heute befindet sich an der Stelle das Bahnpostgebäude.

Dieses Mal war unsere Brigade an der Reihe: Der Dienststellenleiter Egon Thiede (kurz »Unser Egon« genannt) stellte uns wie so oft eine Unfallaufgabe. Um sie möglichst echt zu gestalten, »besetzte« er die Rollen mit echten Kollegen:

»Lokführer ist Kollege X (die Rangierlokführer mußten an unserem Dienstunterricht ebenso teilnehmen wie die Heizer), Heizer ist Kollege Y, Zugführer ist Kollege Grunow, Schaffner ist Kollege Westphal. Der Durchgangsgüterzug fährt nach Neubrandenburg. Am Überweg vor Belling stößt die Lok mit einem Lastzug zusammen. Lokpersonal und Zugführer sind tot.«

Soweit die Rollenverteilung. Dann erklärte uns unser Egon noch einiges und schließlich fragte er mich:

»Zugführer Grunow, was machen Sie?«

Kurz, knapp und klar antwortete ich:

»Ich bin tot!«

Die Schichtbrigade vier brach in kollektives, wieherndes Gelächter aus. Und unser Egon mußte erst einmal Luft holen. Dann erweckte er mich wieder zum Leben, damit ich ihm sagen konnte, was ich zu tun habe.

»Hier irrt der Präsident!«

Zugführer Büttner kam morgens mit einem Durchgangsgüterzug von Angermünde. Vor dem Einfahrsignal von
Pasewalk kam der Zug zum Halten. Als der Zug wieder
anfuhr, riß eine Zugstange. Der Lokführer ging in die
Füllstellung und keuchte mit dem vorderen Zugteil in
den Bahnhof hinein. Ohne sich vom vorhandenen
Zugschlußsignal zu überzeugen, blockte der Stell-
werkswärter daraufhin zurück und meldete die Strecke
frei.

Zum Glück wurde die Gefahr noch rechtzeitig
erkannt und an die zurückliegenden Posten das
Gefahrensignal gegeben. Daraufhin scheuchte eine
Schrankenwärterin ihre Tochter aus dem Bett, damit sie
den nachfolgenden D-Zug anhalten solle. Im Nachthemd
eilte sie an das Gleis und brachte den D-Zug mit der
kreisenden Flagge zum Stehen. Sie wurde dafür ganz
groß belobigt. So weit die Geschichte.

Die Direktion brachte nun ein Plakat heraus, auf
dem die Fehler, die gemacht worden waren, ausgewertet
wurden. Dem Zugführer Büttner wurde vorgeworfen,
daß er auf dem Bremsturm eines Wagens Platz genommen hätte, bei dem die Luftdruckbremse ausgeschaltet
gewesen sei. Im Falle einer Gefahr hätte er den Zug
nicht anhalten können. Das war natürlich haarsträuben-
der Unsinn, der dadurch nicht besser wurde, daß er von
der RBD kam.

Seinerzeit schrieb ich als »Volks-Korrespondent«
(VK – entspricht einem freien Mitarbeiter) für die
Eisenbahnerzeitung »Fahrt frei«. Ich verfaßte einen
Artikel und schrieb, daß die ausgeschaltete Luft-
druckbremse nicht maßgebend sei, sondern daß durch

das Aufreißen der Luftdruckleitung mit dem Notbrems-hahn alle eingeschalteten Bremsen des Zuges und der Lok mit einer Schnellbremsung reagierten. Meinem Artikel gab ich die Überschrift:

»Hier irrt der Herr Präsident!«

Bevor ich nun den Brief in den Kasten steckte, gab ich ihn unserem damaligen Vorsteher Raedel zu lesen. Er grinste nur, und als ich sein Dienstzimmer verlassen hatte, rief er sofort die RBD an. Ich war noch keine fünf Minuten wieder im Aufenthaltsraum, als auch schon die Anweisung kam, sämtliche Plakate abzunehmen und bei der Dienststelle abzugeben. Mein Brief an die »Fahrt frei« war aber weg. Der Artikel erschien – natürlich – nicht. Aber ich bekam einen Brief mit der Stellungnahme der RBD. Ihren Fehler gaben die hohen Herren natürlich nicht zu. Sie »eier-ten« herum: Der Notbremshahn sei abgebrochen gewesen, und der Zugführer habe ihn nicht betäti-gen können. Freilich war das gelogen, wie mir Kollege Bütt-ner ganz energisch bestätigte. Der Hahn war in Ordnung gewesen.

Immerhin, wenigstens be-harrten sie nicht darauf, daß der Zugführer Schuld hatte – und das war ja immerhin auch schon ein Erfolg.

Die letzten Jahre als Zugführer

Nach und nach wurden die Zugpersonale bei den Durchgangsgüterzügen eingespart. Die meisten waren in den Ruhestand getreten und ihre Stellen wurden nicht wieder besetzt. Heute würde man dies »sozialverträglichen Stellenabbau« nennen. Die Zugführer machten nun die Züge fertig und schickten sie als »Nullmannzüge« auf die Reise. Zunächst bedauerten wir dies, auch befürchteten wir eine Schmälerung des Fahrgeldes. Aber letztlich empfanden wir es dann doch als große Erleichterung.

Nur die Nahgüterzüge wurden damals noch mit Personal gefahren. Meine Spezialstrecke war Pasewalk – Stettin – Scheune. In der Zeit um 1965 wurde nun auch in den sozialistischen Staaten der gemeinsame Güterwagenpark eingeführt. Ein Teil dieser Wagen erhielt das Zeichen »OPW«. Das bedeutete, daß im Gegensatz zu den RIV-Wagen die OPW-Wagen in dem Land repariert werden mußten, in dem sie schadhaft geworden waren.

Wenn wir die Züge nach Polen aufschrieben, kamen die Wagenmeister und untersuchten jeden Wagen auf Schäden. Meist fanden sie welche. Sie legten dann ihre roten Schadzettel in den Zettelkasten. Damit war für sie der Fall erledigt, sofern der betreffende Wagen noch betriebssicher war. Doch für uns Zugpersonale bedeutete das, daß wir zusätzlich zu den normalen Rangierarbeiten noch die Schadwagen ausrangieren mußten, die zumeist einzeln auf den ganzen Zug verteilt waren. Besonders ungünstig war das Ausstellen in Grambow, da dort von beiden Seiten her in der Steigung ausgestellt werden mußte. Ein Zugführer hatte einmal das »Glück«, dreizehn Wagen, auf den ganzen Zug verteilt

ausstellen zu müssen. Schließlich waren die Rangierschaffner, die nach Grambow fuhren, zum großen Teil
schon kurz vor der Rente und wenig beweglich.

Das alles versdarb mir schließlich den Spaß an der
Arbeit. Da überdies die Perspektiven für Zugbegleiter
immer unsicherer wurden, entschloß ich mich schließlich, die Flucht nach vorn anzutreten und meldete mich
zur Qualifizierung an.

Die letzten Jahre

Fünf Kilo zugenommen...

Nachdem ich meine Prüfung zum Fahrdienstleiter erfolgreich bestanden hatte, wurde ich zu meiner großen Freude in Pasewalk Ost eingesetzt. Es wären auch Papendorf und Sandförde in Frage gekommen. Papendorf lag für mich als Auswärtiger zu ungünstig. Sandförde wäre in Ordnung gewesen, aber Pasewalk Ost war besser, denn dort ging es nicht so hektisch zu wie auf der eingleisigen Hauptstrecke mit der schon krankhaften Minutenfuchserei der Dispatcher.

Dafür gab es wegen der vielen Anschlußgleise sehr viel zu rangieren.

Wir waren vier Mann, hatten aber keinen Urlaubs- und Krankenvertreter, so daß wir Urlaub, Krankheiten und Freistellungen mit nur drei Mann durchziehen mußten. Bei dem verhältnismäßig ruhigen Dienst war das zu verkraften.

Die Dienstpläne stellte ich selber auf, worüber sich insbesondere die Dienstregler freuten – sie brauchten sich um unsere Pläne nicht mehr zu kümmern. Für uns hatte das den Vorteil, daß wir unsere Schichten so einteilen konnten, daß wir regelmäßig alle drei Wochen ein langes Wochenende hatten.

So kamen wir mit unseren Aufgaben ganz gut zu recht – ärgerlich wurde es allerdings, als wir die

Vertretung in Papendorf und Sandförde übernehmen mußten. Fortan stieg die Zahl der Überstunden sprunghaft an, von 1966 bis 1981 hatte ich im Jahr durchschnittlich 408 Überstunden!

Die Vertretungen in Papendorf waren Aufgabe der drei Kollegen, während ich für Sandförde zuständig war. Das galt für die Fahrdienstleiter- und Wärterposten der Kreuzungsbahnhöfe.

In Sandförde gab es nur einen »Dreierplan«. Wenn dann in diesen noch Freistellungen eingearbeitet werden sollten, bekam ich regelmäßig »Streß« mit der Dienstreglerin Grete Parchert, da ich stets kategorisch ablehnte. Grete meinte, daß ich die Zusatzstunden machen müsse, ich hingegen wehrte mich. So blieb es dann an Kollege Rose hängen.

Die knappe Personalsituation führte immer wieder zu prekären Situationen.

Eines Abends wollte man mich vom Fernsehen wegholen, weil sich Kollege Rose krank gemeldet hatte. Dem Personenzug hatte man schon den Auftrag gegeben, auf mich zu warten und mich mitzunehmen. Da ich Alkohol getrunken hatte, lehnte ich ab. Dennoch, irgendwie lösten wir die Probleme doch immer wieder – Improvisation ist alles.

Insgesamt jedoch war das neue Betätigungsfeld deutlich geruhsamer als der Dienst beim Zugpersonal – und ich spürte dies auch bald am eigenen Leib. Da ich nun nicht mehr hemmschuhbewaffnet die Züge entlanggrennen mußte, nahm ich fünf Kilo zu. Der Körper verlangte nach Ertüchtigung. Also gönnte ich ihm ausgedehnte Rad- und Paddeltouren, und siehe da, bald waren die Speckfältchen wieder verschwunden.

Ich bin kein Bote des Reichsbahnamtes

Eines Tages erhielt ich einen Anruf von Kollege Buchweitz, seines Zeichens Betriebsleiter des Reichsbahnamtes. Ich möge doch einen Kollegen verständigen, da »das mit dem Kindergartenplatz in Ordnung« gehe. Ich tat, wie mir geheißen, traf den besagten Kollegen aber nicht an, und ärgerte mich hinterher, Botendienste für das Reichsbahnamt getan zu haben. Bald sollte ich wieder etwas dort bestellen. Dieses Mal lehnte ich ab. Ich verwies auf die Fahrdienstvorschriften, wonach der Fahrdienstleiter seinen Dienstposten nur im Notfall verlassen dürfe. Buchweitz jedoch redete weiter, und ich wurde nun »mausig«. »Dich kriege ich noch«, dachte ich, laut aber sagte ich, daß ich gehen würde, aber erst, wenn keine Züge zu erwarten seien, keine vorausgemeldet und keine auf Abruf auf dem Bahnhof stünden oder zu rangieren seien.

Nun war es an ihm, ärgerlich zu werden – ironiscgh meinte er:

»Ja, wir haben es ja auch viel näher dorthin!«

Ich ging darauf ein und sagte:

»Wenn das so ist, ist da ja in Ordnung!«

Tatsächlich hätte ich gar keine Zeit gehabt, denn es war viel los. Der »Kleinkrieg« ging noch eine Weile weiter, aber wann immer es nottat, betonte ich:

»Ich bin kein Bote des Reichsbahnamtes!«

Und letzten Endes blieb es dann auch dabei.

Winterfreuden

Spätdienst und Schneetreiben – für einen Eisenbahner heißt das: erschwerte Bedingungen. Normalerweise kann man, wenn es »nur« ruhig schneit, das Schneefegen so lange bleiben lassen, bis es aufhört zu schneien – es sei denn, eine Weiche ist zu stellen. Bei Schneetreiben sieht das anders aus.

An einem solchen Abend wurde mir vom Fahrdienstleiter Pasewalk ein Truppenzug nach Uhlenkrug gemeldet. Er sollte noch vor dem planmäßigen Personenzug aus dem Bahnhof. Ich war allein, und damit oblag es mir, die Weichen zu stellen, sie freizufegen und so weiter und so fort.

Die Ankündigung des Truppenzuges machte mich rege. Wie ein »geölter Blitz« sauste ich vom Stellwerk nach unten. Zwei Weichen mußten umgestellt werden. Zunächst fegte ich die Weiche drei sauber, dann raste ich nach oben und stellte sie um. Dann ging es wieder im Eiltempo nach unten, um die Weiche fünf auszufegen, dann wieder wie ein Verrückter nach oben, um diese umzustellen...

Nach getaner Arbeit meldete ich an Pasewalk, daß die Weichen für die Zugfahrt nach Uhlenkrug gestellt seien. Doch was geschah? Aus dem Hörer drang die freudige Botschaft:

»Jetzt kommt nun doch erst der Personenzug.«

Auf ein Neues! Ich rannte wieder nach unten, die Verspätung sollte ja so gering wie möglich ausfallen, man hatte ja seine Eisenbahnerehre. Wieder fegte ich die beiden Weichen einzeln aus und stellte sie zurück. Zurück auf dem Stellwerk, meldete ich erneut Vollzug.

Und wieder sagte Kollege Lindow in Pasewalk:

»Jetzt kommt doch erst der Truppenzug.«

Ein Glück, daß ich alleine war, so konnte mich keiner hören. Ich brüllte ihn an:

»Ich bin doch nicht Ihr Affe!!«

Doch was half es? Der Zug mußte durch, also wieder runter. Die Weiche fünf bekam ich noch ohne Ausfegen herum, dann beeilte ich mich, nach dem Ausfegen die Weiche drei umzustellen.

Tatsächlich – nun kam er wirklich, der Truppenzug.

Den nachfolgenden Personenzug habe ich zwar zügig, aber nicht hektisch abgefertigt...

So war das damals – heute gibt es Weichenheizungen und die Stelldrähte, die uns damals desöfteren einfroren, gibt es heute auch kaum mehr.

»Sie standen ja auch nicht in der Zeitung!«

Es war um die Mittagsstunde. Von Pasewalk war der Personenzug nach Grambow angekündigt und von mir weiter nach Löcknitz vorausgemeldet worden. Ich schloß die Schranke, stellte das Signal und sah dann aus dem Fenster. Da raste plötzlich ein durchgegangenes Pferdegespann, das sich von seinem Wagen losgerissen hatte, auf die geschlossene Schranke zu und durchbrach sie. Ein Pferd fiel um, das andere blieb stehen.

Gleichzeitig kam der Personenzug, er hatte schon das Vorsignal passiert. Da gab es kein Zögern, in Windeseile legte ich das Einfahrsignal auf Halt. Es reichte, der Zug hielt. Ein Offizier der Transportpolizei kam gerade recht, um die Sicherung der zerbrochenen

Schranke zu übernehmen. Mittlerweile war auch Gespannführer seinen durchgegangenen Gäulen hinterhergekommen und hielt die Pferde fest. Das gefallene Tier stand wieder auf und der Bahnübergang wurde geräumt. So konnte ich den Personenzug einfahren lassen.

Etwa ein Jahr später – ich machte gerade Vertretung in Sandförde – passierte Kollege Hampel nahezu das gleiche. Es war die gleiche Zeit, der gleiche Zug und wieder wurde die Schranke durchbrochen. Nur war es diesmal kein Pferdegespann, sondern ein Lastwagen. Vielleicht fand der Vorgang deshalb Eingang in die Zeitung? Jedenfalls berichtete das Blatt von dem Beinahe-Unfall, aber unglücksseligerweise stand dort statt Gerhards Namen:

»Der Fahrdienstleiter Erich Grunow erhielt eine Prämie!«

Wie gesagt, ich hatte zu der Zeit gar keinen Dienst, und für »meinen Schrankendurchbruch« hatte ich seinerzeit keine Prämie bekommen – weshalb auch, ich hatte ja nur getan, was ich tun mußte.

Mein Kollege Gerhard Hampel allerdings war mir bitterböse, daß mein Name anstelle des seinigen gedruckt worden war. Immerhin, da der Reporter die Prämie öffentlich erwähnt hatte, wurde sie später auch bezahlt und zwar an Gerhard.

Ich jedenfalls machte Gerhard klar, daß ich von dem ganzen Vorkommnis überhaupt keine Ahnung gehabt hätte, schließlich sei ich ja in Sandförde gewesen.

Gerhard forderte von der Redaktion der »Freien Erde« eine Berichtigung, die man ihm zusicherte, die aber nie erschienen ist. Ich aber konnte es mir nicht verkneifen, unseren damaligen Leiter der Dienststelle,

Herrn Miehlbradt, zu fragen, warum ich denn nun keine Prämie bekommen hätte, immerhin hätte ich ja das gleiche getan.

Er lächelte und sagte dann ganz trocken:

»Sie standen ja auch nicht in der Zeitung!«

Tja, wo er recht hatte, hatte er recht.

Der abgehängte Gustav

Eines Abends trat ich zum Nachtdienst an und löste Gerhard Hampel ab. Im Bahnhof stand eine Übergabe nach Pasewalk. Während der Dienstübergabe fuhr sie auf Gleis sechs vor, war also fertig. Ich machte »Licht«, meldete die Überführung voraus, schloß die Schranke und gab Ausfahrt. Zwar klingelte auf der Ringleitung vom Fleischkombinat Sturm, aber wir sagten uns:

»Die haben Zeit. Zuerst fährt mal die Übergabe zurück.«

So geschah es dann auch. Der Zug fuhr aus, ich blockte vor, öffnete die Schranke und erst dann nahm ich den Hörer ab.

Aber o Schreck, im Hörer tobte nicht das Fleischkombinat, sondern Gustav Henke, der Rangierleiter der Übergabe. Er brüllte in den Hörer, daß ihm der Zug weggefahren sei.

»Der kommt zurück!«, schrie er immer wieder ins Telefon.

Was war geschehen? Er hatte während der Rangierarbeiten plötzlich ein dringendes Bedürfnis und sich deshalb hurtig in die Büsche geschlagen. Seine Jacke und sein Rangierfunkgerät hatte er an den letzten Wagen gehängt, bis er zurückkam.

Nun rief ich beim Bahnhofsdispatcher an und teilte ihm mit, daß zwar die Übergabe komme, nicht aber der dazugehörige Rangierleiter, den habe man sozusagen »im Regen stehen lassen«.

Als der Rangierer in Pasewalk Gustavs Jacke und sein Rangierfunkgerät entdeckte, machte er »ein Faß auf«.

Der Zug kam nicht zurück, und so mußte Gustav wohl oder übel die zwei Kilometer nach Pasewalk zu Fuß laufen. Den Schaden hatte er, aber unser Gelächter spottete jeder Beschreibung.

Attentatsversuch auf meinen Urlaub

Es war am 25. Juli 1968. Ich hatte den letzten Nachtdienst vor dem Jahresurlaub. Wir hatten eine große Wasserwanderfahrt bis hinauf nach Lietzow/Rügen geplant. Meine Tochter Agnes und ein Dresdner Kanutenehepaar waren mit von der Partie.

Vom Beginn des Dienstes an hatte ich ein ungutes Gefühl, das nicht wich. In meinem Leben hatte ich schon oft Eingebungen und Gefühle, die fast an Hellseherei grenzten. Und richtig. Um 21.40 Uhr rief der Dienstregler der Brigade an, daß ich meinen Urlaub verschieben müsse, in Sandförde seien sie nur noch fünf Mann.

»Was fällt Euch ein – Wenn wir den Urlaub schon rausarbeiten, dann wollen wir ihn auch so haben, wie wir ihn geplant haben. Sandförde interessiert mich überhaupt nicht, ich bin kein U.- und K.-Vertreter für Sandförde!«

Der Kollege konterte:

»Der Vorsteher hat es angeordnet!«

Ich brüllte weiter: »Und wenn der Präsident es anordnet, ich fahre morgen in Urlaub! Das gesamte Bootsgepäck meiner Sportsfreunde liegt schon in Torgelow!!« Dann knallte ich den Hörer auf die Gabel.

Ja, wäre einer meiner eigenen Leute in Pasewalk Ost krank geworden... Aber so? Ich war so in Rage, daß es mir auf eine Auseinandersetzung nicht angekommen wäre. Notfalls wäre ich vor die Konfliktkomission oder auch vors Arbeitsgericht gegangen. Dann, mit der Zeit, regte ich mich wieder ab und es erfaßte mich eine selige Ruhe und Vorfreude auf den nahen Urlaub.

Und Petrus war auf meiner Seite und ließ die Sonne scheinen. Drei Wochen lang. Sonne, Wind und Wasser mit zwar oftmals hohem Wellengang, aber wunderbarem Wetter. Es war herrlich.

Mein tollster Neuerervorschlag

Neuerervorschläge waren immer gefragt, ganz gleich, ob große oder eher unbedeutende. Wann immer ich eine Idee zu irgendeiner Verbesserung hatte, setzte ich mich hin, schrieb sie auf und reichte sie ein. Zugegeben, die meisten wurden – natürlich – abgelehnt. Entweder war meine Neuerung zu unwichtig, oder sie war »zeitlich nicht aktuell«, oder sie hätte eine Menge Geld gekostet..., denn ich hatte einen Hang zum »Mächtig-Gewaltigen«. Aber das verdroß mich nicht und hin und wieder landete ich dann doch einen kleinen oder mittelprächtigen »Treffer«.

Nun geschah es, daß der noch gar nicht alte Kreuzungsbahnhof Zerrenthin, der zuvor nur eine Haltestelle mit Ladestraße gewesen war, stillgelegt werden mußte, und zwar wegen Personalknappheit. Man konnte dem Personal der Dienststelle Löcknitz-Zerrenthin einfach nicht noch mehr Überstunden zumuten. Die RBD wollte dagegen nichts unternehmen und so mußte schließlich die Justiz eingreifen. Sie veranlaßte wegen der unzumutbaren Bedingungen für das Personal die Schließung und so wurde der Bahnhof Zerrenthin zu einer Anschlußstelle der freien Strecke. Auf der ohnehin schon stillgelegten Ladestraße und dem Kreuzungsgleis konnten Wagen beziehungsweise Züge abgestellt werden. Die Weichen wurden alle mit Schlösser versehen, der Hauptschlüssel kam nach Löcknitz. Zum Bedienen des Anschlusses wurde das Streckengleis Pasewalk Ost – Löcknitz gesperrt. Der Hauptschlüssel wurde mit der Löcknitzer Kö-Lok hingebracht oder ein Beschäftigter des Bahnhofs brachte ihn mit dem Moped hin. Da die Sperrfahrten von Pasewalk Ost und zurück etwa zwei Stunden dauerten, konnte man nur sperren, wenn der damalige N 8211 in Pasewalk angekommen war. Das war spätabends.

Nun kam 1973 die »Zentrale Oberbauerneuerung« zwischen Pasewalk und Löcknitz. Die Signal- und Fernmeldemeisterei brachte jetzt bei uns ein Schlüsselwerk an, durch das der Hauptschlüssel in Zerrenthin elektrisch freigeschlossen werden konnte. Das war eine ganz herrliche Sache, denn nun dauerte die Sperrung nur eine Stunde, da sich die Sperrfahrt einschließen konnte. Durch das Zurückschließen war die Strecke wieder frei. Die Anschlußstelle der freien Strecke war zu einer Ausweichanschlußstelle geworden.

Da ich diese – baubedingte – Einrichtung »klasse« fand, schwärmte ich meinem Kollegen Siebert davon vor. Er aber dämpfte meine Euphorie:

»Bilde Dir nur nicht ein, daß das so bleibt. Wenn die Bauerei zu Ende ist, wird der Urzustand wieder hergestellt!«

»Das kann noch nicht wahr sein! Sind denn die da oben blöd?«

»Na, frag' doch mal Egon.«

Am Ende des nächsten Dienstunterrichts sprach ich »unseren Egon« darauf an. Er hörte mir zu und meinte dann:

»Dann schreib' mal, Erich!«

Und ich schrieb. In meinem Neuerervorschlag wies ich den großen Vorteil der Anlage nach. In meinem Schlußsatz schrieb ich schließlich:

»Kosten entstehen keine. Anlage ist installiert!«

Wider Erwarten schnell kam die Antwort: Genehmigt! Als ich an jenem Tag nach Hause kam, sagte ich zu meiner Frau:

»Neuerervorschlag ist angenommen!«

»Springt was dabei raus?«

»Ja, viel Geld!«

»Rate mal.«

Sie begann bei 100 Mark. »Mehr«, sagte ich und sie steigerte immer weiter. Bei 250 Mark lautete meine Antwort immer noch »mehr«. Schließlich gab sie auf.

Dann sagte ich ihr:

»520 Mark!«

»Du spinnst!?«, waren ihre Worte.

Aber ich spann nicht. Ich bestätigte die Summe noch einmal. Welch ein Jubel, welch ein Leben. Familie Grunow war »aus dem Häuschen«. Meine Frau bekam 100 Mark, die beiden Töchter je 50 Mark. Der Rest kam in meine Privatschatulle. Und so kam ich doch noch zu einem richtig erfolgreichen Neuerervorschlag.

Der Betriebskontrolleur

Eines Mittags erschien der Betriebskontrolleur Slabon auf dem Stellwerk. Nach wie vor war die zentrale Oberbauerneuerung in vollem Gange, darüber hinaus gab es zahlreiche außerplanmäßige Fahrten. Zunächst prüfte Slabon alle Unterlagen, derweil ich pausenlos zu tun hatte. Dann war er fertig und setzte nun an, mir einen Kurzvortrag über Betriebssicherheit zu halten. Kaum hatte er zu reden begonnen, klingelte das Telefon. Nun, der Dienst ging vor, also ging ich an den Hörer. Kaum war der Fall erledigt, die verlangte Arbeit getan, fing er seine Rede neu von vorne an. Und wieder klingelte es. Wieder unterbrach er bis ich fertig war, und wieder begann er von vorn. Doch er kam nicht zu Wort: mal kamen Zugfahrten dazwischen, dann wurde rangiert oder irgendwelche anderen Dinge verlangt.

Schließlich gab er auf. Er verabschiedete sich mit den Worten:

»Ich dachte immer, Pasewalk Ost wäre so ein verträumter Posten, aber hier ist ja was los!!«

Auf das Ende seines Vortrages warte ich bis heute...

Der Probealarm

33 Wochen hatte ich noch zu arbeiten, dann begann mein Rentenalter. Ich hatte Frühdienst, als die beiden Vizepräsidenten der Direktion und der Vorsitzende des FDGB der RBD wegen Winterfestmachung auch mein Stellwerk besuchten. Kollege Helm war lange Zeit zweiter Chef des Bahnhofs Pasewalk gewesen. Er fragte mich, ob wir auf dem Stellwerk fünf Mann wären. Ich

wunderte mich sehr über diese Frage, er mußte doch die prekäre Personallage seiner ehemaligen Dienststelle kennen.

Ich erklärte ihm, daß wir noch immer nur vier Mann seien und keinen U.- und K.-Vertreter hätten. Dann fragte er, warum die Kanalabdeckungen über den Schrankendrähten nicht aufliegen würden. Da sagte ich ihm, daß wir der Signal- und Fernmeldemeisterei nicht dauernd die Arbeit nachräumten, die nämlich würden immer die Arbeitsstelle unaufgeräumt verlassen.

Da herrschte er mich an:

»Wie reden Sie denn mit mir, ich kenne Sie ja gar nicht wieder! Und warum sind die Bohlen über den Stelldrähten nicht aufgelegt?«

»Weil die Bohlen alle morsch sind und bei Betreten brechen würden und sich dann jemand die Beine brechen könnte.«

»Und dann ist das ganze Stellwerk beschmiert!«

»Wo denn, das zeigen Sie mir mal!«

Und wir gingen nach unten. Und da sah ich die ganze (!) Beschmierung. Dort, wo wir die Konservendosen mit dem Weichenschmieröl aufhängten – am Vermessungsfestpunkt – war ein Trapez in von etwa ½ Quadratmeter schwarzem grauen Betonfundament durch Öl im Lauf der Jahre schwarz geworden. Das war also das »ganze« Stellwerk!

Nun stieg mein Adrenalinspiegel gewaltig an. Ich wurde wütend, aber ich wußte noch, was ich sagen wollte und wie ich das jetzt sagen mußte.

»Ja, auf diese Kleinigkeiten wird geguckt, aber daß am Einfahrsignal von Uhlenkrug seit über einem Jahr ein Kabelfehler besteht, davon redet kein Mensch. Die technischen Dienststellen können sich alles erlauben!«

Kollege Herm:

»Können sie nicht!«

»Können sie doch!!!« Ich haute mit der Faust auf das geöffnete Arbeitsbuch:

»Sehen Sie doch selber, hier stehts doch drin!!«

Daraufhin verließen alle drei fast fluchtartig das Stellwerk. Ich atmete durch und dachte etwas wenig Salonfähiges, und daß ich in 33 Wochen Rentner sei. Der Kabelfehler wurde innerhalb weniger Tage beseitigt, die Bohlen erneuert.

Nun war ich zwei Tage lang in froher Stimmung, weil ich mal so richtig Dampf abgelassen hatte. Aber nach zwei Tagen hatte ich wieder eine »hellseherische Eingebung«:

»Erich, das bringt Dir einen Probealarm ein!«

Einen Tag später kam mein Schichtleiter Werner Großmann zur Kontrolle auf das Stellwerk und sagte:

»Erich, wenn da morgen einer von der Direktion kommt ...«

Ich unterbrach ihn sofort und sagte nur »Probealarm!«

Werner war fassungslos:

»Woher weißt Du?«

»Ich weiß nichts, ich ahne!«

Werner ergänzte dann und sagte, er wisse noch nicht, ob das in Pasewalk Ost oder Charlottenhof sei. Da meinte ich:

»Du kannst Dich darauf verlassen, daß der Probealarm in Pasewalk Ost stattfindet nach meiner lautstarken Kontroverse mit Herrn Herm!«

Als ich zum Spätdienst antrat, traf ich auf Bahnsteig vier den Kollegen Kittner. Er informierte mich »hinter der hohlen Hand« davon, daß ich heute Nachmittag Besuch bekäme, aber er hätte nichts gesagt. Jemand mußte dem Bahnhof einen Wink gegeben haben, denn ein Probealarm darf eigentlich vorher nicht bekannt sein. Bei einem Probealarm muß alles so stattfinden, als ob es ein richtiger Unfall wäre. Er kann nur von der Direktion ausgelöst werden.

Der Dienst begann. Die Nachmittagsüberführung, die sonst immer kam, kam heute nicht. Um etwa 15.15 Uhr öffnete sich die Tür zum Stellwerksraum, ein hochdekorierter Eisenbahner trat ein und stellte sich vor:

»Bauer, Verwaltungsleiter der Reichsbahndirektion Greifswald.« Ich ließ nun meine Meldung los. Als langgedienter Soldat hatte ich ja gelernt, wie man so etwas macht:

»Spätdienst Bahnhof Pasewalk Ost, Fahrdienstleiter Grunow. Es bestehen folgende Unregelmäßigkeiten: Seit über einem Jahr Kabelfehler am Einfahrsignal aus Richtung Uhlenkrug, Morscher Bohlenbelag über dem Drahtzugkanal!«

Er dankte und sagte: »Probealarm!«

Dann übergab er mir auf einem Zettel den Text der Aufgabe. Nun handelte ich vorschriftsmäßig und sagte zu mir:

»Erich ganz ruhig. Das hier ist nur ein Probealarm. Deine Tochter hat in Priort einen ganz schweren Unfall zu bearbeiten gehabt, bleibe ganz ruhig!«

Kaum war der Unfallruf heraus, als auch schon die Sirene ertönte. Wenige Minuten später wurde auch schon der dringliche Hilfszug mit allem »Pipapo« vorausgemeldet, also mit Gerätewagen und Eisenbahnkran. Einen Arztwagen gab es nicht mehr, das übernahmen jetzt Krankenwagen der medizinischen »Schnellen Hilfe«.

Alles lief wir am Schnürchen, auch unten in Pasewalk. Dann war das Stellwerk voll von »hohen Tieren«. Nur der Kollege Herm war nicht gekommen.

Schließlich war der Alarm beendet, und Egon bedankte sich bei mir, daß alles so gut geklappt hatte.

Verwaltungsleiter Bauer sagte unten in Pasewalk, daß er eine solche Meldung in seiner ganzen Dienstzeit noch nicht bekommen hätte. Vizepräsident Stein lobte den Probealarm, bei dem nichts auszusetzen gewesen sei.

Und nun ging es mit Macht auf mein Rentenalter zu. Es waren keine besonderen Vorkommnisse mehr zu vermelden.

Der Kollege Herm übrigens verstarb ein oder zwei Jahre später. Es war einer derjenigen, die sich buchstäblich tot gearbeitet hatten. Seine Frau hatte einmal geäußert, daß ihr Mann nicht mit ihr, sondern mit der Eisenbahn verheiratet gewesen sei.

Die Luftmatratze

Im Spätsommer 1966, als ich meinen Dienst auf dem Stellwerk Pasewalk Ost angetreten hatte, gab es nachts noch vier Stunden Betriebsruhe. Was tut ein Stellwerker, wenn er nachts vier Stunden lang nichts zu tun hat? Er macht natürlich die Augen zu. Und das geht bekanntlich am besten, wenn man sich lang legt.

So räumte ich den Schreibtisch ab, schob den Kasten mit den Signalfernsprecheranschlüssen, den Telefonen zum Lokschuppen Fleischkombinat und dem Rangierfernsprecher zurück, packte die Aktentasche als Kopfkissen hin und legte mich schlafen. Aber der Schreibtisch war ja »man bannig hart«. Also brachte ich mir für die nächste Nacht eine alte Luftmatratze mit, eine Nachkriegsbehelfsausführung mit dicken Luftschläuchen und Gummiluftkissen als Kopfkissen. Die blies ich auf und schlief nun besser.

Freilich war es strikt verboten, sich ein Nachtlager zu bereiten. Man darf sich daher nicht erwischen lassen und muß beim ersten Antippen des Telefons aufspringen und ans Telefon gehen. Das konnte ich sehr gut. Nur – was war, wenn nun mal nachts plötzlich eine Kontrolle kommt? Dann mußte die Luftmatratze blitzschnell verschwinden. Das allerdings warf Probleme auf, denn wo sollte das Ding hin.

Wo ein Wille, da ein Weg. Ich fand bald ein geradezu »geniales« Versteck. An der Rückwand des Stellwerks schlug ich außen einen Nagel unter das Flurfenster und konnte sie nun bei Besuch ganz fix dort anhängen. Tatsächlich wurde der Nagel immer wieder benutzt.

Eines Nachts wurden auf der Straße zahlreiche Militärkonvois erwartet, nur wußte keiner, wann sie kommen sollten. Daher besuchten mich zwei Transportpolizisten, die den Verkehr gegebenfalls regeln sollten, so daß an der Schranke kein Unfall passierte. Die Matratze hing an ihrem Platz. Draußen war es kalt, und bei mir konnten sie sitzen.

Wir unterhielten uns in den Zugpausen gut, aber langsam wurde es hell und die Luftmatratze hing noch immer draußen. Was tun? Nun, ich mußte ja mal wieder heizen gehen. So ließ ich sie einfach hinabfallen, ging in den Geräteraum genau unter dem Flurfenster, ließ die Luft heraus und rollte sie zusammen. Nach dem Heizen nahm ich sie frech unter den Arm und packte sie in meinen Schrank.

Wenige Jahre später wurden helle Straßenlaternen installiert, die ihr Licht auch auf die Rückwand des Stellwerks warfen. Wohin nun nachts mit der Luftmatratze, wenn Besuch kam?

Ich warf sie nun auf das Relaisdach an der Schmalseite des Stellwerksgebäudes. Kollege Lindow, der eine kurze Zeit lang Schichtleiter war, kam eines nachts zur Kontrolle.

Er mußte draußen etwas gehört haben und schaute auf das Relaisdach. Die alte Matratze sah aus wie ein leerer alter Sack. Ich vermute aber, daß er dennoch erkannt hatte, daß da mein »Nachtlager« gelegen hatte. Das ging also auch nicht mehr.

So nahm ich in Zukunft eine dreiteilige Matratze zum Stellwerk mit. Bevor ich mich aber das erste Mal auf dieser zur Ruhe legte, machte ich für mich selbst einen »Probealarm«. Ich räumte den Schrank unten aus, stellte die Schreibmaschine neben ihn, hing das Schloß mit dem Schlüsselbund weg und legte mich hin. Nun sah ich auf die Uhr. Als der Sekundenzeiger auf der Null war, sprang ich auf, drehte die drei Stöpsel aus den Mundstücken, legte, soweit möglich, die Luftmatratze zusammen und preßte sie in den Schrank. Dann drückte ich die Schranktür zu und drehte den Nagel davor, so daß der Schrank ganz geschlossen war. Schließlich sprang ich, immer eine Stufe auslassend, nach unten und schloß die Tür auf. Zeit: 30 Sekunden.

Das war eine gute Zeit. Eines nachts trat der »E-Fall« ein. Werner Großmann rüttelte an die Tür. Es klappte alles wie geübt. Ich öffnete nach 30 Sekunden die Haustür, und Werner sagte:

»Na, hast Du erst Dein Nachtlager beseitigt?«

Ich grinste nur. Einem alten Betriebseisenbahner kann man ja nichts vormachen. Ich hatte nur 30 Sekunden für das Beseitigungsmanöver gebraucht. Er aber mußte 30 Sekunden warten, ehe ich »endlich« kam.

Wenn gerade eine Nachtkontrolle gewesen war, schlief ich gut, aber war eine Nachtkontrolle doch mal wieder fällig, dann träumte ich wüste Sachen. Da fuhren Züge über das Halt zeigende Signal, da kamen Züge von zwei Seiten ohne Vorausmeldung. Es war furchtbar, aber schlafen wollte ich doch. Kam ich nach dem Nachtdienst nach Hause, was es mir immer noch möglich, mich mit meiner Frau bis 8 Uhr oder auch noch länger beim Kaffeetisch zu unterhalten.

Am 30. April 1981 war mein letzter Dienst, ein Frühdienst. Da lag die Luftmatratze schon wieder zu Hause und wartete auf die nächste Nacht im Zelt. Das war dann eine Nacht ohne Angst vor einer Kontrolle und ohne wüste Träume.

So endete meine aktive Eisenbahnerlaufbahn nach 43 Jahren. Wenn ich heute zurückblicke, denke ich, daß mein Jugendwunsch, zur Eisenbahn zu gehen, keine Fehlentscheidung gewesen ist.

Nachwort

Mittlerweile sind fast zwanzig Jahre seit meinem letzten Dienst vergangen. Vieles hat sich seither verändert, nicht nur die Eisenbahn, aber auch sie. Die Deutsche Reichsbahn gibt es nicht mehr, Güterzüge mit Bremserhäuschen allenfalls noch auf der Modelleisenbahn, Dampflokomotiven nur noch im Museumsbetrieb. Doch noch immer wird der Betrieb der Eisenbahn von den Menschen geführt, und noch immer ist es die vornehmste Aufgabe der Eisenbahner, ihre Fahrgäste pünktlich und vor allem sicher zu ihren Zielen zu befördern. Die Aufgaben der Zugbegleiter und der Fahrdienstleiter haben sich seither in vielem verändert, aber die Verantwortung für das Wohlergehen der Reisenden ist geblieben. Auch heute noch ist der Beruf des Eisenbahners in mancherlei Hinsicht ein besonderer Beruf. Unregelmäßige Dienstzeiten, Feiertags- oder Nachtdienste fordern nach wie vor ein Höchstmaß an Einsatzbereitschaft und Liebe zum Beruf. Wer die Eisenbahn nicht mag und wer in der Familie kein Verständnis für den »Eisenbahn-Bazillus« findet, wird sich in diesem Beruf auch in der heutigen Zeit schwer tun.

Daher sollen die vorangegangenen Erzählungen auch ein wenig eine »Hommage« an den Berufsstand der Eisenbahner sein. Ohne sie würden die Räder stillstehen. Ohne ihre Freude an der Arbeit würde das komplizierte System Eisenbahn nicht funktionieren. Ganz

gleich, ob Lokführer, Schaffner, Rangierer oder Fahrdienstleiter – jeder einzelne hat eine unverzichtbare
Aufgabe, ohne den einen könnte der andere seinen
Dienst nicht erfüllen. Das war so in den dreißiger
Jahren, als ich meinen Dienst bei der Eisenbahn
begann. Das war so in den Kriegsjahren, zuhause wie in
der Wüste. Das war so in den schweren Nachkriegs-
jahren und das ist auch heute nicht anders, obwohl zahlreiche Aufgaben mittlerweile längst automatisiert sind.

Die 43 Dienstjahre bei der Eisenbahn haben mich
geprägt. Eisenbahner zu werden, war mein Kind-
heitstraum. Und trotz aller Schwierigkeiten, mit denen
ich in dieser langen Zeit oft konfrontiert wurde: ich
würde es wieder tun.